星栞 HOSHIORI

2024年の星占い

• 魚座 •

石井ゆかり

魚座のあなたへ
2024年のテーマ・モチーフ
解説

....

モチーフ：靴

....

どんどん歩き回って、行動範囲を広げられます。歩いていった先には、素敵な人たちが待っていてくれて、盛んにおしゃべりもできるでしょう。一度行っただけではその場所の人たちは「見知らぬ人」のままですが、何度も通えば「なじみ」になり、やがて「身内」にもなれます。2024年の「行動範囲の広がり」はつまり、なじみが増え、身内が増えていくようなプロセスです。「これは私の場所」と言える世界がぐっと広がり、心があたたかくなる年です。

はじめに

　こんにちは、石井ゆかりです。

　2020年頃からの激動の時代を生きてきて、今、私たちは不思議な状況に置かれているように思われます。というのも、危機感や恐怖感に「慣れてしまった」のではないかと思うのです。人間はおよそどんなことにも慣れてしまいます。ずっと同じ緊張感に晒されれば、耐えられず心身が折れてしまうからです。「慣れ」は、人間が厳しい自然を生き延びるための、最強の戦略なのかもしれませんが、その一方で、最大の弱点とも言えるのではないか、という気がします。どんなに傷つけられ、ないがしろにされても、「闘って傷つくよりは、このままじっとしているほうがよい」と考えてしまうために、幸福を願うことさえできないでいる人が、とてもたくさんいるからです。

　2024年は冥王星という星が、山羊座から水瓶座への移動を完了する時間です。この水瓶座の支配星・天王星は「所有・物質的豊かさ・美・欲」を象徴する牡牛座に位置し、年単位の流れを司る木星と並んでいます。

冥王星は深く巨大な欲、社会を動かす大きな力を象徴する星で、欲望や衝動、支配力と関連づけられています。すなわち、2024年は「欲望が動く年」と言えるのではないかと思うのです。人間の最も大きな欲望は「今より落ちぶれたくない」という欲なのだそうです。本当かどうかわかりませんが、この「欲」が最強である限り、前述のような「慣れ」の世界に閉じこもり続ける選択も仕方がないのかもしれません。

　でも、人間には他にも、様々な欲があります。より美しいものを生み出したいという欲、愛し愛されたいという欲、愛する者を満たしたいという欲、後世により良いものを残したいという欲。「欲」が自分個人の手の中、自分一人の人生を超えてゆくほど大きくなれば、それは「善」と呼ばれるものに近づきます。水瓶座の冥王星は、どこまでもスケールの大きな「欲」を象徴します。世界全体にゆき渡る「欲」を、多くの人が抱き始める年です。

《注釈》

◆ 12星座占いの星座の区分け（「3/21〜4/20」など）は、生まれた年によって、境目が異なります。正確な境目が知りたい方は、P.124〜125の「太陽星座早見表」をご覧下さい。または、下記の各モバイルコンテンツで計算することができます。
インターネットで無料で調べることのできるサイトもたくさんありますので、「太陽星座」などのキーワードで検索してみて下さい。

モバイルサイト【石井ゆかりの星読み】（一部有料）
https://star.cocoloni.jp/（スマートフォンのみ）

◆ 本文中に出てくる、星座の分類は下記の通りです。

火の星座：牡羊座・獅子座・射手座　　地の星座：牡牛座・乙女座・山羊座
風の星座：双子座・天秤座・水瓶座　　水の星座：蟹座・蠍座・魚座
活動宮：牡羊座・蟹座・天秤座・山羊座
不動宮：牡牛座・獅子座・蠍座・水瓶座
柔軟宮：双子座・乙女座・射手座・魚座

《参考資料》

・『Solar Fire Gold Ver.9』（ソフトウェア）/ Esoteric Technologies Pty Ltd.
・『増補版　21世紀　占星天文暦』/ 魔女の家BOOKS　ニール・F・マイケルセン
・『アメリカ占星学教科書 第一巻』/ 魔女の家BOOKS　M.D.マーチ、J.マクエバーズ
・国立天文台 暦計算室Webサイト

HOSHIORI

魚座 2024年の星模様

年間占い

❋山の中腹から、頂上を見上げる

　引き続き「一人でやる」年です。この「一人でやる」時間は、2023年から続く長い道のりで、2026年頭まで続きます。2023年は孤独感や慣れない状況への不安感が強く、「これで本当に大丈夫なのだろうか？」という疑念が消えなかったかもしれません。ですが2024年に入る頃には、「なるほど、自分はこういう道を歩いているのか」という納得が生まれているはずです。

　たとえば高い山に登るにあたり、登り始めは「最初の段階で既にこんなに辛いのか、本当に頂上まで行けるのだろうか」など、不安がつのります。ですがコツコツ登ってゆくにつれて、だんだんと道に慣れ、リズムが出てきて、「なるほど、こういう道行きなのか」という見通しがつくようになります。頂上までの距離も体感的にわかるようになり、成功の現実感が増します。そうなると最初の頃の不安や孤独感は和らぎ、静かな意欲が湧いてきます。2024年は言わば、そんな段階です。登り方がわかり、力も鍛えられてきて、やりがいが出てくるのです。2023年半ば頃の怖さ、心細さは、

今はもう消えているはずです。

❁ 意外な学び、旅、コミュニケーション

　年の前半は「コミュニケーション・旅・学びの季節」です。2023年半ばから2024年5月末まで、あちこち休みなく飛び回るような、アクティブな時間となるでしょう。フットワークを活かして結果を出せますし、「出かけた先でさらに別の場所に誘われる」など、意外な展開がたくさん起こります。行ったことのない場所に出向き、未経験のことに飛び込んでいくような、とても新鮮でドラマティックな動きができる時です。

　旅に出る機会も増えます。この時期の旅行にはいつもとは違う不思議さ、新規さがあります。宇宙旅行のような旅、タイムトラベルのような旅ができるかもしれません。突発的に遠出することになったり、いきなり未知の場所に引っ越したりと、突然のダイナミックな移動が起こる気配もあります。

　新しいコミュニケーションも生まれます。今まで関わったことのないような人々と、多くを語り合えるでしょう。新しい時代の技術や思想に触れ、考え方が何

度もアップデートされます。「こんな考え方、価値観が存在するのか！」という驚きが出発点となり、のびやかに成長できる期間です。

　資格取得やスキルアップに取り組む人も少なくないでしょう。ちょっと変わった学び方をする人もいそうです。また、世間的にはあまり馴染みのないこと、精神世界や神秘的な分野について見聞を深める人もいるでしょう。色々な意味で「世界が広がる」時です。

❅ 後半は「居場所」の時間へ

　5月末から2025年6月上旬まで「居場所・家・家族の時間」となっています。この間、新しい家族を迎えたり、新居を構えたりと、住環境が様々な形で変化しそうです。あるいは、2024年前半までに引っ越しを終え、2024年半ば以降にその場所に「根を下ろす」作業を進める人もいるでしょう。ある場所が「居場所」として定着するまでには、一定の時間がかかります。最初は馴染めないと思った場所が「住めば都」で離れがたい場所に変わる、そのプロセスが進んでゆく時間帯です。

帰るべき場所、守るべきものへの意識が改まります。家の中でのポジションが変わる人もいるでしょう。今まで「守られる側」だったのが、ここからは「大黒柱」「みんなのまとめ役」となるのかもしれません。故郷に帰ったり、子育てや親の介護などに多くの時間を割くことになる人もいそうです。これまで仕事に打ち込んで、滅多に家のことを顧みなかった人が、この時期一転して「家族」にどっぷりコミットする、といった展開もあり得ます。

　地域コミュニティの活動に参加したり、環境問題に関心を持ったりする人もいそうです。自分を取り巻いている場、環境に意識を向け、それをより良くする活動に取り組めます。「この世の楽園を作ろう！」といった野心を燃やし始める人もいるかもしれません。

❄ 人生をゆがめる力に向き合う

　「問題解決」も、2024年の重要なキーワードの一つです。長い間抱え続けていた問題、どうしても手放せないコンプレックス、直したいと思いながらどうしても直せなかった欠点などを、この時期本気で捉え直せ

ます。

　人生では、自分には何の責任もないのに背負わされてしまう重荷があります。幼い頃に受けるべきケアを受けられなかったことによる認知の歪み、成長の過程で受けた深い傷、理不尽な欠乏、不運な出来事の記憶、暴力的に奪われた誇りなど、強度や量の差こそあれ、誰もがなにかしら、受け入れがたいものを胸の中に抱いているものではないかと思います。そういった重荷が、人生の望まぬパターンを生み出したり、人間関係において繰り返される問題の原因となったりすることがあります。解決したいと思っているのにどうしてもできずにいたことを、ここから2043年頃にかけて、じっくりと解決していけるはずなのです。

　特に2024年の終わり頃、誰かの協力を得て、「この問題を解決しよう」とハッキリ意識できるかもしれません。心を縛る悲しい記憶、抱く必要のない罪悪感、不毛な妬みそねみ、他者への攻撃的な感情など、「この思いからどうにかして、自由になりたい」という願いを抱いている人にとっては、強い希望の光が射し込みます。諦めかけていた人生の可能性が、ここから広がり

始めるのがわかるはずです。

{ 仕事・目標への挑戦／知的活動 }

この時期の仕事は、二つの方向性がありそうです。一つは、責任が重みを増し、周囲からの見る目が変わる、という変化です。昇進や異動などでこれまでよりも周囲の人々に対し、背負うものが大きくなるかもしれません。独立して経営者となり、ビジネスの全責任を負う、といった展開もあり得ます。リーダーや王者は孤独なものですが、この時期のあなたはそうした責任の重み、孤独感に耐えながら、真にやりがいある仕事を成し遂げてゆくのかもしれません。

もう一つの方向性は、一人で活動する自由を得る、という変化です。集団や仲間から離れ、自分一人で仕事をすることになり、あらゆるしがらみから解き放たれる人も多いでしょう。既にある枠組み・システムにはまっていくのではなく、ゼロから仕事を起ち上げるような試みができます。徒手空拳の心細さ、誰にも守ってもらえない不安感がある一方で、誰にも指図されず創造性を発揮できる素晴らしい自由を味わえます。「ず

っとやってみたかったけれど、周囲に反対されてでき
なかった」ことに、この時期挑戦できるかもしれませ
ん。一人だからこそできる仕事に出会えます。

　どちらもある種の孤独を感じる変化であり、自分自
身で背負うもの・引き受けるものが大きくなる展開で
す。ゆえに短期的には不安や苦悩もあるかもしれませ
んが、長期的に見れば間違いなく「いい展開」です。

　11月から2025年6月半ばにかけては、転職や独立な
ど、就労条件が大きく変わる時となっています。特に、
今の働き方が自分に合っていない人、仕事のストレス
やプレッシャーから体調を崩しがちな人は、この時期
にその状況を根本的に変えられそうです。特に年末は、
一度立ち止まって、今の働き方や仕事の状況をしっか
り見つめ直し、変えるべきことを検討できる時間とな
っています。

　知的活動には特に年の前半、非常に強い追い風が吹
きます。2023年半ばから2024年5月末にかけて、精
力的に勉強し、大きな結果を出す人が少なくないでし
ょう。学び方が変わり、学ぶ仲間や師が変わる可能性
もあります。研究活動、取材活動などで「ブレイク」

を果たす人もいそうです。発信活動に取り組んでいる人には、素晴らしいチャンスが巡ってきます。こちらも「ブレイク」の気配がある時です。

｛ 人間関係 ｝

　「他人」と「身内」では「身内」との関係が盛り上がる1年です。特に、これまで外部の人間関係を広げることに軸足を置いていた人は、方針をぐるっと反転させ、家族や身近な人のために、より多くの時間と労力を注ぐことになるでしょう。身近な人に頼られますし、あなたからも話したいこと、相談したいことがたくさんあるはずです。いつも一緒にいるからといって、しっかり話し合えているとは限りません。「近すぎるからこそ、かえって話せていない」状態にあった人は、2024年、そうした状態をひっくり返せます。近いからこそ一番話し合える、という関係を再構築できる時です。

　2008年頃から「人脈を広げる」ことに多大なる労力を注いできた人が少なくないはずです。より広い範囲の人々と関わることに高い価値を置き、外部の人々から多くの恩恵を受けてきたあなたがいるだろうと思い

ます。2024年はそうした「人脈を広げる」ことへの情熱が、じわじわと沈静化していく年です。「なぜあれほど、人脈にこだわっていたのだろう？」と不思議になる人もいるかもしれません。また、自分から求めるというよりは、「強く求められてきた」人もいるだろうと思います。色々な人から声をかけられたり、あちこちから引っ張りだこになったりして、いくつものチーム、サークルをかけ持ちするような状態だった人は、そのような状況に疲れ、自ら退く選択をするかもしれません。集団で活動することの面白さに満足し、ここからはむしろ、より自由な単独行動に注力したい、という気持ちが強まるのかもしれません。

　2023年中に、過去の人間関係から少しずつ離れていくことの不安、孤独を感じていた人も、2024年にはその意義がわかってくるようです。見放されたり疎外されたりするのではなく、むしろ自分のニーズとして、「周囲に惑わされない、自分自身の道を歩みたい」という思いに沿った変化が起こる時間帯です。

◇◇◇◇◇◇◇◇◇◇◇◇◇◇◇◇◇◇◇◇◇◇◇◇◇◇◇◇◇◇◇◇◇◇

｛ お金・経済活動 ｝

　「お金は天下の回り物」という言葉がありますが、それを実感するような出来事が多いかもしれません。期待した方面からはそれほど実入りがなかったのに、予想外の方面からガツンと収入が入る、といった、意外性の多い時期です。「縁あって」収入の途を見つける人もいるでしょう。また、たとえばこれまでは賃金収入を得ることしか考えていなかったのが、「自分でビジネスを始めるのはどうだろう」「投資に興味が湧いてきた」など、未経験の新しい収入源に意識が向かう人も少なくないかもしれません。ずっと同じことを繰り返してゆくのではなく、ふとしたきっかけを得て新しい活動に足を踏み入れる、といった展開が、経済活動において起こりやすいタイミングです。

｛ 健康・生活 ｝

　2023年から「エイジング」に向き合ってきた人が少なくないはずです。年齢を重ねるに従って、人の体質や心身のコンディションは変わります。昨今では「アンチエイジング」、加齢に抵抗し、より若々しくいるた

◇◇◇◇◇◇◇◇◇◇◇◇◇◇◇◇◇◇◇◇◇◇◇◇◇◇◇◇◇◇◇◇◇◇

めの方法が取り沙汰される一方で、「エイジングケア」として、むしろ年齢に合ったケアの方法を考えようというスタンスがあります。「何歳若く見られるか」を競うような生き方の一方で、「年齢相応で、心地良く生きていきたい」という生き方があるのだと思います。とはいえどちらも年を重ねた肉体の変化に向き合っている点は、同じです。今の自分の心身のコンディションを知ること、それを受け入れた上で具体策を練ることが、2023年から2026年頭までの、大きなテーマとなっています。

　この時期はどちらかと言えば、コツコツ続けられる地味な取り組みを選ぶ人が多いはずです。新規性の高い奇抜な方法よりも、確かな検証に基づく地に足のついた健康法・美容法を採用したくなるでしょう。表面的な対症療法よりも、健康的な食生活や生活のリズムを整えることなど、すぐには効果が出なくても長期的には絶大な威力を表す方法を選択する人が多そうです。

　健康的な生活を送りたい、もっと健康でいたい、美しくありたい。そうした理想を多くの人が抱いています。メディアからも健康や美についての情報が押し寄

せ、宣伝広告の多くも健康と美を至高の価値のように語ります。そのような「健康や美についての情報」を得続けると、メディアが流す「理想」と自分の現状とのギャップが気になり出します。ごく元気に生きている人も、健康を扱う番組を見るうちに、「自分は病気なのでは」と疑心暗鬼に陥ることもあるようです。

　健康や生活における理想と現実のギャップが、この時期のあなたを過剰に不安にするかもしれません。「健康的な生活を送れていないのでは」「加齢が怖い」など、健康や美容についての悩みを抱えたら、それが本当の不調なのか、それともイメージや認識の問題なのかを、丁寧に切り分けることが大切です。

　11月から2025年半ばにかけて、エクササイズやスポーツなど、アクティブに身体を動かすような活動を始める人が多そうです。また、過度の飲酒や喫煙など不健康な習慣を「キッパリやめる」人もいるだろうと思います。勇気と決断、積極的行動によって、生活を変える挑戦ができる時です。さらに、心身に不調を来すような暮らし方・働き方を改めるために転職するなど、かなり根本的な対策を打つ人もいるはずです。

◉ 2024年の流星群 ◉

「流れ星」は、星占い的にはあまり重視されません。古来、流星は「天候の一部」と考えられたからです。とはいえ流れ星を見ると、何かドキドキしますね。私は、流れ星は「星のお守り」のようなものだと感じています。2024年、見やすそうな流星群をご紹介します。

4月下旬から5月／みずがめ座η流星群
ピークは5月6日頃、この前後数日間は、未明2〜3時に多く流れそうです。月明かりがなく、好条件です。

8月13日頃／ペルセウス座流星群
7月半ば〜8月下旬まで楽しめる流星群です。三大流星群の一つで、2024年は8月12日の真夜中から13日未明が観測のチャンスです。夏休みに是非、星空を楽しんで。

10月前半／ジャコビニ流星群
（10月りゅう座流星群）
周期的に多く出現する流星群ですが、「多い」と予測された年でも肩透かしになることがあるなど、ミステリアスな流星群です。2024年・2025年は多数出現するのではと予測されており、期待大です。出現期間は10月6日〜10月10日、極大は10月8日頃です。

HOSHIORI

魚座 2024年の愛
年間恋愛占い

♥ 年の後半、愛が燃え始める

秋以降、愛の情熱が燃え始めます。また「家庭を持つ・運営する」ことへの意識が強まります。愛が生活に深く「根を下ろす」年です。

{ パートナーを探している人・結婚を望んでいる人 }

9月から11月頭、そして2025年1月から4月半ばが「行動を起こせば、結果を出せる」時となっています。「勝負」「賭け」「ゲーム攻略」のような感覚で挑戦すると、意外なほどロマンティックな愛の物語の扉を開くことができそうです。もとい「恋愛はゲームではない」のが基本です。ですが、出会いの前で「どうすれば出会えるのか」といった段階では、現実的な戦略が役に立つこともあるものです。無策でいてうまくいくならそれが一番ですが、この時期は少なくとも、頭を使って戦略的に行動したほうが、話が早そうです。

2023年からこの方、妙に自分に自信がなくなったり、人と会うのが怖くなったりしている人もいるかもしれません。出会いを探す上で「自信がない」状態はかな

り深刻なハードルです。ただ、2024年はそこに「努力」という条件が加わる気配があります。「この部分には自信がない、だから努力してみよう」という方針を持てるのです。一般に、努力している人は、前向きで魅力的に見えます。また、信頼に足る人、という印象を持たれます。自信がない点があっても、その件に努力で向き合っているという事実があれば、そのこと自体が一つの自信となって、あなたを輝かせます。この自信が、2024年の出会いの原動力となりそうです。

❪ パートナーシップについて ❫

たくさん話し合い、一緒に出かけ、共に過ごす時間を重ねて、関係が深まる年です。華やかなイベントやロマンティックなドラマがなくとも、日常生活の中でとても濃密な心の交流が生まれ、愛が育まれます。「普段の生活」を大事にし、共有できることを増やしていくのが、この時期のパートナーシップのポイントです。パートナーとの関係があまりうまくいっていないという人も、たとえば一緒に散歩する時間を持ったり、家の中を模様替えしたり、掃除を頻繁にしたり、家で楽

しめることを考えたりすると、不思議と心の距離が縮まるかもしれません。「生活」に注力を。

｛ 片思い中の人・愛の悩みを抱えている人 ｝

　徹底的に対話を試み、場合によっては「ぶつかってゆく」「闘う」ことのできる年です。主に年の前半が相談や交渉、対話の時間で、年の後半が「愛の闘い」の時間となります。前半の対話で解決できなかったことを、後半はもっと踏み込んだ、大胆なやり方で解決できるようです。この「愛の闘い」は年内だけに留まらず、2025年4月半ばまで続きます。

　特に、2023年中に問題を自分の中だけで抱え込んできた人、「自分さえ耐えればいい」「自分が犠牲になればいい」などと考えてきた人は、2024年にその姿勢を解除し、きちんと発信し、主張するスタンスに切り替えられます。2024年のあなたは「だまっていない」のです。その知的行動力や情熱が、愛の物語を新しい方向へと動かすことになります。特に2024年後半は「家庭を持ちたい」という思いが強まるかもしれません。この未来へのヴィジョンをもとに、「愛の闘い」に挑む人

が少なくないはずです。

｛ 家族・子育てについて ｝

　年の前半は、身近な人とのコミュニケーションの時間です。特に兄弟姉妹や幼馴染、近所の人などとのやりとりが増えるかもしれません。また、年の前半は「移動の時間」でもあり、引っ越す人が少なくないでしょう。住み替えを通して新たな人間関係を得て、価値観や考え方も変化し始めます。

　5月末から2025年6月上旬まで「家族の時間」です。家族と過ごす時間が長くなりますし、家族との関係も大きく変わるでしょう。これまで以上に必要とされ、頼られます。あるいはあなた自身が、家族を必要とし、頼ることになるのかもしれません。帰るべき場所の大切さ、守るべきものの貴重さに気づかされます。自分の弱さを認めることで、家族の強さやあたたかさが際立つかもしれません。あるいは家族の誰かの弱さに気づくことで、自分の強さを再発見する人もいるでしょう。実家に帰ったり、新たに家族のケアを担うなど、家庭におけるあなたの存在感がぐっと重みを増すかもしれ

ません。または、家族の誰かが自分の存在を「生きが
い」や「希望」と感じていることがわかるような場面
もありそうです。

　子育てについては、9月から11月頭、2025年1月か
ら4月半ばが、非常に「熱い」時期となっています。子
供のために闘うことになったり、あるいは子供と「真
剣勝負」の状態になる人もいるかもしれません。観念
や平均値、常識、一般的な説などの当てはまらない状
況で、生身の人間として奮闘し、何か大切なものを勝
ち取れます。「愛とは何か」を、熱い体験を通して学ぶ
人も多そうです。子育てを通して自分自身と闘い、大
きく成長できる時です。

⸜ 2024年　愛のターニングポイント ⸝

　3月半ばから4月頭、6月半ばから7月半ば、8月に愛
の追い風が吹きます。さらに9月から11月頭、そして
2025年1月から4月中旬は、愛の世界で「挑戦・勝負」
できる時です。また、9月半ばは「愛のミラクル」が
起こる気配があります。

HOSHIORI

魚座 2024年の薬箱
もしも悩みを抱えたら

❖ 2024年の薬箱 ～もしも悩みを抱えたら～

　誰でも日々の生活の中で、迷いや悩みを抱くことがあります。2024年のあなたがもし、悩みに出会ったなら、その悩みの方向性や出口がどのあたりにあるのか、そのヒントをいくつか、考えてみたいと思います。

◆空想でできた不安

　孤独感が強まるかもしれません。一人でやらなければならないことが多く、周囲から孤立してしまったように感じる人もいるでしょう。また、未来のことをあれこれ考えているうちに不安に飲み込まれる人もいるかもしれません。この時期はどんなことでも、不安になるとあれこれ想像を巡らしてしまい、悪いほうへ悪いほうへと考えてしまいがちなのです。でも、それはあくまで、あなたの想像、イマジネーションに過ぎません。単なる空想なのです。この時期のあなたの悩みのうち、現実に考えなければならないことは、ほんの僅かです。シャボン玉のように膨らんだ不安をパチンパチンと潰してゆくには、人と話をするのが一番です。

信頼できる人に相談したり、カウンセリングに通ったりと、とにかく言語化し、コミュニケーションの輪に乗せることで、「想像でできた悩み」の外側に出られます。できるだけ人の声を聴くことで、この時期のあなたの心はかなり安定するはずです。

◆セルフケアで、衝突を避ける

9月から11月頭にかけて、恋人や子供など愛する相手とケンカしがちになるかもしれません。特に、自分の内なる不安や悲観から、逆ギレか八つ当たりのようにケンカしてしまう展開が多そうです。自分の弱さや辛さをきちんと認めておくことで、そうした「暴発」を防げます。11月から年明けは、ワーカホリックになりがちです。疲労やストレスを溜めすぎると、さらに年明け以降、感情が爆発しがちに。セルフケア、心身のメンテナンスを丁寧にすることで、無用の衝突を回避できるでしょう。

2024年のプチ占い（牡羊座〜乙女座）

牡羊座（3/21-4/20生まれ）

特別な縁が結ばれる年。特に春と秋、公私ともに素敵な出会いがありそう。年の前半は経済活動が熱く盛り上がる。ひと山当てる人も。年の半ば以降は、旅と学び、コミュニケーションの時間へ。成長期。

牡牛座（4/21-5/21生まれ）

約12年に一度の「人生の一大ターニングポイント」が5月末まで続く。人生の転機を迎え、全く新しいことを始める人が多そう。5月末以降は、平たく言って「金運の良い時」。価値あるものが手に入る。

双子座（5/22-6/22生まれ）

大きな目標を掲げ、あるいは重大な責任を背負って、ひたむきに「上を目指す」年。5月末からは素晴らしい人生のターニングポイントに入る。ここから2025年前半にかけ「運命」を感じるような出来事が。

蟹座（6/23-7/23生まれ）

夢と希望を描く年。素敵な仲間に恵まれ、より自由な生き方を模索できる。新しい世界に足を踏み入れ、多くを学べる年。9月から2025年春にかけて「自分との闘い」に挑む時間に入る。チャレンジを。

獅子座（7/24-8/23生まれ）

大活躍の年。特に5月末までは、仕事や対外的な活動において素晴らしい成果を挙げられる。社会的立場がガラッと変わる可能性も。独立する人、大ブレイクを果たす人も。11月以降も「勝負」の時間。

乙女座（8/24-9/23生まれ）

冒険と成長の年。遠い場所に大遠征を試み、人間的に急成長を遂げる人が多そう。未知の世界に思い切って足を踏み入れることになる。5月末以降は大活躍、大成功の時間へ。社会的立場が大きく変わる。

（※天秤座〜魚座はP.96）

魚座 2024年 毎月の星模様

月間占い

◆ 星座と天体の記号

　「毎月の星模様」では、簡単なホロスコープの図を掲載していますが、各種の記号の意味は、以下の通りです。基本的に西洋占星術で用いる一般的な記号をそのまま用いていますが、新月と満月は、本書オリジナルの表記です（一般的な表記では、月は白い三日月で示し、新月や満月を特別な記号で示すことはありません）。

♈：牡羊座	♉：牡牛座	♊：双子座
♋：蟹座	♌：獅子座	♍：乙女座
♎：天秤座	♏：蠍座	♐：射手座
♑：山羊座	♒：水瓶座	♓：魚座
☉：太陽	●：新月	○：満月
☿：水星	♀：金星	♂：火星
♃：木星	♄：土星	♅：天王星
♆：海王星	♇：冥王星	
℞：逆行	Ð：順行	

◆ 月間占いのマーク

　また、「毎月の星模様」には、6種類のマークを添えてあります。マークの個数は「強度・ハデさ・動きの振り幅の大きさ」などのイメージを表現しています。マークの示す意味合いは、以下の通りです。

　マークが少ないと「運が悪い」ということではありません。言わば「追い風の風速計」のようなイメージで捉えて頂ければと思います。

★ 　特別なこと、大事なこと、全般的なこと

✊ 　情熱、エネルギー、闘い、挑戦にまつわること

🏠 　家族、居場所、身近な人との関係にまつわること

¥ 　経済的なこと、物質的なこと、ビジネスにおける利益

✏ 　仕事、勉強、日々のタスク、忙しさなど

♥ 　恋愛、好きなこと、楽しいこと、趣味など

MONTHLY
HOROSCOPE

1

JANUARY

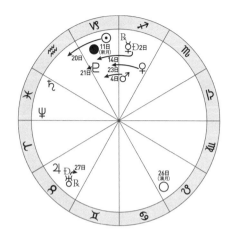

◆守りを固めるために、敢えてリスクを取る。

新年の計画がどんどん起ち上がります。今年は特に挑戦的・冒険的なプランが持ち込まれやすいかもしれません。この時期、あなたはどちらかと言えば慎重になっているかもしれませんが、仲間や友達はチャレンジしたいようです。攻撃も守りの一つと捉え、必要なリスクは取っていきたい時です。

◆停滞感からの解放、スタートダッシュ。

キラキラしたチャンスが巡ってきます。日々の任務が不思議と楽しくなってきますし、人から褒められたり、高く評価されたりする場面も多いでしょう。仕事や対外的な活動の場で、先月半ば頃から停滞感や混乱があったなら、年明けと同時に問題解

決に向かいます。待ち状態から解放され、一気にスピードアップできます。自分より若い人々と協力して活動する場面が増えます。教わる気持ちが、信頼に繋がります。

◆新しい「話」が始まる。

11日前後、誰かが面白い話を始めるかもしれません。今の時代の最先端を行くような話題を振ってくれたり、知りたいと思っていたことを教えてくれたりするようです。ここで受け取った知的刺激から、新しい学びのテーマに出会えるかもしれません。また、「高嶺の花」のような人と交友関係を結べる可能性も。外界に向かって扉が開くタイミングです。

♥愛の世界における、新たな自由。 ♥ ♥

「恋愛・パートナーシップはこうあるべき」と無意識に思い込んでいた規範意識から解放されます。もっと自由に愛を生きていいのだ、という発見が、新しい愛の形に繋がります。カップルは社会問題について話し合いたくなるかも。

▶ 1月 全体の星模様 ◀

12月半ばから射手座で逆行中の水星が2日、順行に戻ります。コミュニケーション上の問題、遠方とのやりとりや移動の問題が解決に向かうでしょう。とはいえ月の半ばまでは、流言飛語の危険も。火星は山羊座で力を増し、権力闘争が煽られます。21日、昨年3月以来二度目の冥王星水瓶座入り、時代の大きな節目に。ただし冥王星の水瓶座入り完了は11月20日、まだ中間地点です。

2

FEBRUARY

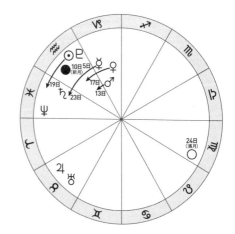

◆**2年前に見た夢の、その先へ。**

2022年の前半に夢見たこと、想像したことの「続き」を考える
時間帯となっています。特にあの頃、大きなヴィジョンを描い
た人が少なくないはずですが、今それが現実の中で大きな形を
とり、あなたにとっては「夢」だったものが今や「責任」とな
っているのかもしれません。自信を持って。

◆**仲間との熱いやりとりで、孤独が和らぐ。** ★〆★〆

月の前半は交友関係が熱く盛り上がります。友達や仲間と過ご
す機会が増えそうですし、みんなでワイワイ盛り上がる中で、新
しいプランがたくさん浮かぶでしょう。このところ感じていた
孤独感や孤立感が、この2月前半は一気に薄まり、新しい勇気

が湧いてきそうです。月の後半は「過去」に眼差しが向かいます。懐かしい場所に強烈な引力で引っ張られるような出来事も起こるかもしれません。

♥過去の思いを共有し直す。　　　　　　　　

17日まで爽やかな追い風が吹き続けます。愛を探している人は交友関係や人的ネットワークの中から、ふと愛を見つけられるかもしれません。友達や仲間に紹介を頼むのも一案です。既にパートナーがいる人は、お互いへの信頼関係が一気に大きくなるような出来事が起こるかもしれません。月の半ばを過ぎると、過去に起こったことの話が重要な意味を持ちそうです。「実はあの時、こう思っていたんだ」「こんな事実があったけれど、負担をかけまいと黙っていたんだ」などというやりとりから、お互いの心の奥を覗き込むような、特別な機会を持てそうです。思いを深く共有できる時です。24日前後、あなたの抱える不安や悩みに、相手が力強く寄り添ってくれるような展開に。パートナーとの絆が強まります。

2月 全体の星模様

火星は13日まで、金星は17日まで山羊座に滞在します。2022年の1月から3月頭に起こった出来事をなぞるような、あるいは明確にあの頃の「続き」と感じられるような出来事が起こるかもしれません。さらに月の半ばを過ぎて、社会的に非常にビビッドな転換点が訪れるでしょう。冥王星に火星、金星が重なり、人々の「集合的無意識」が表面化して大きな潮流が生じます。

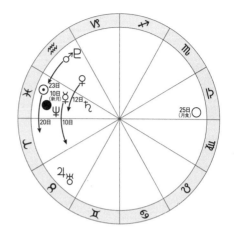

MONTHLY
HOROSCOPE

3

MARCH

◈「初めて」のフレッシュな忙しさ。

非常に忙しい時です。あれもこれもが同時にスタートし、月の全体がてんやわんやの状態になるでしょう。「いつもどおりにやればいい」ようなことが、一つもありません。初めて取り組むことが多く、学びながら前進することになります。「新人」のフレッシュな感覚を楽しむくらいの余裕を持って。

◈隠れた問題の、根本解決。

密かに悩んでいたことがあれば、その問題に真正面からぶつかれる時です。問題解決のための特別なチャンスが巡ってきますし、周囲の人からも絶大なサポートを受けられます。ややこしい問題ほど「根本解決」できる時です。半ば「臭い物に蓋」を

してきたようなことがあれば、その蓋を思い切って開けて、中身をスッキリ片づけられます。気がかりだったことをきれいに整理できる、特別な時間帯です。

◆上旬の混乱は「フェイク」。
月の上旬までは、混乱や不安を感じる場面が多いかもしれません。勘違いやコミュニケーション上の行き違いから、奇妙な足止めを食らうこともあるでしょう。ただ、これは見かけ上のことで、本質的な問題ではありません。10日頃を境に一気に解消に向かい、中旬以降は状況がぐんぐん好転します。

♥キラキラの愛の時間の到来。　　　♥ ♥ ♥
12日から4月頭にかけて、キラキラの愛の季節が巡ってきます。あなたの魅力や存在感に強いスポットライトが当たり、誘われたり、注目されたりする機会が増えるでしょう。人を大切にすること、親切にすることを心がけるだけで、自然に愛の扉が開きます。カップルにも、とても楽しい時間です。

≫ 3月 全体の星模様 ≪

火星が冥王星と水瓶座に同座し、非常に鉄火な雰囲気が漂います。2023年頃から静かに燃え始めた野心が、最初のハッキリした「発火」を起こしそうです。月の上旬は水星が魚座に位置していて、コミュニケーション上の混乱が起こりやすいかもしれません。10日を境にその混乱がすうっと収まり、かわってとても優しい愛が満ちてきます。共感と信頼、救済の力を感じられます。

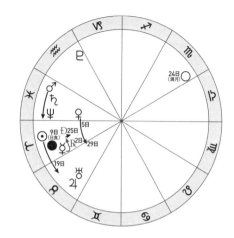

◆**心の炎を燃やす時。** 👊👊👊

闘いの時間です。自分との闘い、大きな目標を達成するための闘い、ライバルとの闘いなど、様々な闘いに挑むことになりそうです。エクササイズやスポーツを始めるなど、身体を動かして汗を流す人もいるでしょう。自分の中のエネルギーをガンガン燃やすことで、いい流れに乗れる時です。

◆**お金に関して「慌てない」。** 💴💴

経済活動において、少々混乱が起こるかもしれません。予算オーバーになったり、計算が合わなかったりと、なにかと「想定外」が起こりがちなのです。ただ、そこで怒りを発したり、自分を責めたり、犯人捜しをしたりしても、あまり意味がありま

せん。とにかくその場で必要な対策をとり、後はどっしりと構えることで、信頼関係がかえって強まります。「何かあった時」にどう振る舞うかで、人の評価は大きく変わります。この時期は特に、お金のことで「ジタバタしない」ことが、あなたへの人格的評価を高める気配があるのです。経済的問題が起こっても、遅くとも月末までには、時間が解決してくれます。慌てないで。9日前後、突然新しい経済活動がスタートする気配も。素敵なものが手に入るかもしれません。

♥勇敢に、大胆に。

5日まで、愛の星・金星があなたのもとにあります。キラキラの愛の時間です。さらにその後も、情熱の星・火星があなたのもとにあって、受け身にならず自分から動くように促しています。普段どちらかと言えば控えめに、静かに振る舞いがちな人も、ここでは思い切って大胆に、勇敢に動いてみるといいかもしれません。情熱的な愛情表現が功を奏します。照れたりもったいぶったりせず、覚悟を決めて動いてみて。

4月 全体の星模様

水星が牡羊座で逆行し、そこに金星が重なります。これは、混乱や緩みが感じられる配置です。年度替わりに「スタートダッシュ！」と意気込んでも、なぜかもたもた、ノロノロするかもしれません。先を急がずどっしり構えることがポイントです。魚座で土星と火星が同座し、ある種の手厳しさが強調されています。不安が反転して怒りが燃え上がるような、「逆ギレ」的展開も。

5

MAY

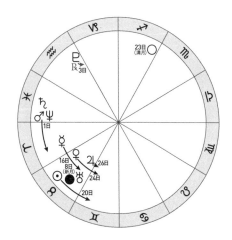

◆**対話とフットワーク。**　　　　　　　★┼★┼

2023年5月からの「コミュニケーションと学び、旅」の時間が
今月末で一段落します。最終局面のこの時期が、最もにぎやか
で、最も動きのある時間帯となりそうです。ガンガン外に出て、
できるだけ多くの人と対話を重ね、世界を一気に広げられます。
思いついた相手に片っ端から連絡してみて。

◆**経済的に「勝負」できる時。**　　　　　　¥ ¥ ¥

経済活動が熱く盛り上がります。欲しいものを手に入れるため
に精力的に動けます。汗をかいてガッチリ稼ぐ人もいれば、大
きな買い物に挑む人もいるでしょう。特に月の前半は「情報戦」
の気配があります。お金やものに関して、できるだけ多くの情

報、知識を集めながらアクションを起こすことで、より大きなものを獲得できるでしょう。

◈月末から1年をかけた「居場所の時間」へ。 🏠🏠🏠
20日から26日頃を境に、「居場所・家をつくる時間」が始まります。家族や身近な人との関係が一気に濃密になり、家で過ごす時間が増えるかもしれません。あるいは、住み替えや移住など、物理的な住環境の変化が始まる気配も。

♥生活の中に新鮮な「動き」を作る。 ♥♥
恋愛もゆたかなコミュニケーションの中で動きます。愛する人との会話が盛り上がりますし、なんでも話せる関係であることに、深い喜びを感じられるでしょう。愛を探している人は、いい意味で「犬も歩けば棒に当たる」時です。できるだけたくさん外に出て、色々な人と接して、生活の中に新鮮な動きを増やすことでチャンスを掴めます。感じたことは素直に声に出して、相手の話にもしっかりリアクションを。

≫ 5月 全体の星模様 ≪

牡牛座に星々がぎゅっと集まり、2023年5月からの「牡牛座木星時間」の最終段階に素晴らしい彩りを添えます。約1年頑張ってきたことがここで、非常に華やかな形で「完成」しそうです。牡牛座は物質・お金の星座であり、社会的には経済や金融などの分野で大変化が起こる可能性があります。20日から26日にかけて星々は順次双子座へ移動し、新しい時間が幕を開けます。

MONTHLY
HOROSCOPE

6

JUNE

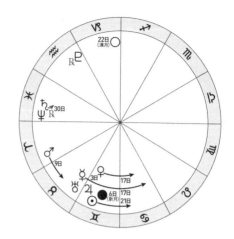

◆まわりの人の声が、よく聞こえる。 🏠🏠🏠

家族や身近な人と、多くの時間を過ごせます。普段よりも家に
いる時間が増えますし、新しい住処（すみか）を探すためのアクションを
起こす人もいるでしょう。家族が増える気配もあります。「家」
「家族」について普段よりずっと深く考えることになります。周
囲の人の声が、いつもよりよく聞こえるはずです。

◆心が直感で探り当てる「薬」。 ¥¥

月の上旬までは熱い経済活動が続いています。自分の手で様々
なものをどんどん手に入れられる時です。特にこの時期は、衝
動買いが増えるかもしれません。直観的に「これだ！」と思っ
たものを手に入れたところ、心の奥深くにあった不安や悲しみ

44

が、不思議と癒えていくようです。思考を超えたところで、あなたの心が「薬」を探り当てているのです。

◆熱く語り、熱心に出かけてゆく。

月の中旬からは、熱い旅とコミュニケーションの時間となります。ここから7月中旬まで、外に出る機会が増えそうです。また、相談や打ち合わせ、議論や口論など、熱く語り合う時間も増えていくでしょう。勉強や発信活動など、知的活動に取り組んでいる人は、大チャレンジができる時です。

♥孤独感の冷気が和らぐ。 ♥ ♥ ♥

17日以降、素晴らしい愛の季節となります。ここから7月中旬頃まで、フリーの人もカップルも、嬉しいことが多いでしょう。このところ強い孤独感に苦しんでいる人ほど、この時期の愛のあたたかさが強く感じられるはずです。いつのまにか硬くこわばっていた心が少しずつほぐれ、愛のコミュニケーションを僅かにでも「ひらく」ことができる時です。

6月 全体の星模様

双子座入りした木星に、水星、金星、太陽が寄り添い、ゆたかなコミュニケーションが発生しそうです。どの星もにぎやかでおしゃべりな傾向があり、あらゆる立場の人が一斉にしゃべり出すような、不思議なかしましさが感じられるでしょう。17日、水星と金星が揃って蟹座に抜けると、騒々しさは少し落ち着くかもしれません。全体に「流言飛語」「舌禍」に気をつけたい時間です。

7

JULY

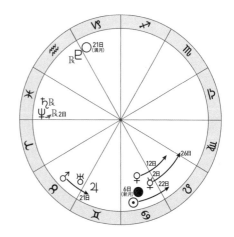

◆出かけると必ず、面白いことが起こる。　　　★彡★彡

「熱い旅とコミュニケーションの季節」です。21日まで、とに
かくフットワークを活かして動き回りたい時間となっています。
出かけると必ず意外なこと、面白いことが起こり、「その先」の
新展開に繋がります。また、出先で想定外の人に遭遇する場面
も多いでしょう。素敵な邂逅に恵まれます。

◆心身のコンディションを調整する。　　　　　　✐✐

心身のコンディションを立て直せる時です。疲労を溜め込んで
いる人、無理を続けてしまっている人は、生活のあり方を見つ
め直し、丁寧に調整できます。その結果、調子がぐっと上向き
ます。「元気になれる」ようなアイテムを入手できたり、素敵な

習慣を取り入れたりできるかもしれません。「これを続けていけば、理想に近づけそうだ！」といった継続性のレールに乗れます。エクササイズなどを始める人も。

◇生活環境が変化し始める。

21日以降「居場所が動く」時です。ここから9月頭にかけて引っ越しや家族構成の変化など、大きめの動きがありそうです。

♥生活の中にある愛。

12日頃まで、素晴らしい愛の季節が続きます。トキメキの出来事がたくさん起こるでしょう。出会いを探している人は6日前後、チャンスを掴めるかもしれません。あなたの純情さ、正直さが誰かのハートに響くようです。カップルも12日まではとてもスイートな雰囲気に包まれます。中旬以降は「ともに暮らす」ことに意識が向かうかもしれません。普段の役割分担や二人での暮らし方などを見直し、より気持ちのいい環境を作れます。「愛の巣」のメンテナンスができそうです。

≫ 7月 全体の星模様 ≪

牡牛座の火星が天王星に重なり「爆発的」な雰囲気です。特に経済活動に関して、驚きの変化が起こりそうです。蓄積されてきたエネルギーに火がつく節目です。21日、火星は木星が待っている双子座に入ります。この21日は今年二度目の山羊座の満月で、水瓶座に移動完了しつつある冥王星と重なっていて、こちらも相当爆発的です。世の中がガラッと変わるような大ニュースも。

MONTHLY HOROSCOPE

8

AUGUST

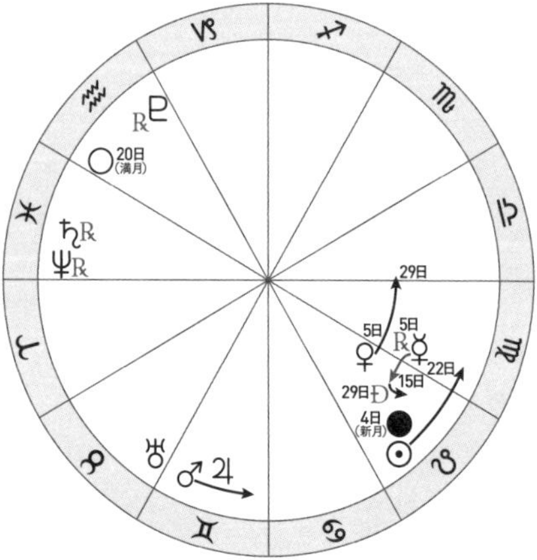

◈愛ある人間関係。

人間関係が愛に溢れます。好きな人に会えますし、ずっと会いたいと思いながらなかなか会えなかった人と、やっと再会できるかもしれません。素敵な出会いにも恵まれそうです。ただ、この時期は星座を問わず、物事が予定通りに進みません。遅刻や予定の変更には、あくまで柔軟に対応して。

◈内心の「問題」の現れ。

「居場所が動く」時間の中にあります。引っ越しや家族構成の変化など、大きく環境が変わりそうです。特に今回の居場所や生活の変化は、あなた自身が抱えている個人的な問題の解決に繋がるものなのかもしれません。たとえば移転先を探しながらな

かなか見つからない場合は、自分の中にある不安感や恐怖心、一番悩んでいることなどを深く見つめると、「どの条件を大事にすべきか」「どの条件への要求が過剰なのか」がわかってくるかもしれません。

◆「問題解決」へのきっかけ。 ★彡★彡
4日前後、新しい習慣を導入するなど、生活に新しい風が吹き込みます。20日前後、抱えていた懸案が解決しそうです。

♥愛が「再生」する時。 ♥ ♥ ♥
パートナーシップに愛が満ちます。パートナーのために立ち止まり、時間をかけて見つめ合えるでしょう。お互いに普段とはちょっと違ったケアをして、心が通じ合う、といった場面もありそうです。愛を探している人は、旧友との再会や懐かしい場所への再訪、かつて取り組んだ活動にもう一度参加する、などの機会に愛が見つかるかもしれません。失った愛を取り戻す人、心に愛がよみがえる人も。

〉〉〉 8月 全体の星模様 〈〈〈

双子座に火星と木星が同座し、あらゆる意味で「熱い」時期となっています。荒ぶるエネルギーが爆発するようなイメージの配置で、普段抱えている不満や問題意識がはじけ飛んだようなアクションを起こせそうです。徹底的な交渉の上で要求を通せます。一方、5日から29日まで水星が乙女座ー獅子座にまたがって逆行します。金星も重なっていて、少々グダグダになる雰囲気も。

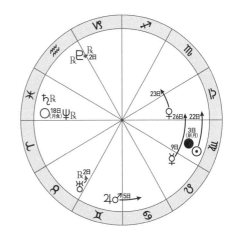

◆「オススメ」は前向きに考える。　　　　　　　♥♥

「欲を生きる」時です。物質的な欲もさることながら「やりたいことをやる」「会いたい人に会う」など、経験や人間関係にまつわる「欲」が高まります。何かを欲するところから道が開け、人生の方向性が定まります。色々な人が声をかけてくれる時期でもあります。「オススメ」されたら前向きに検討を。

◆悩みが「熟し切る」。　　　　　　　　　　★彡★彡★彡

18日前後、特別な出来事が起こりそうです。長い間抱え続けている問題に突然、新展開が起こるかもしれません。問題の本質がガラッと変わったり、あなたの心境が一変したりする可能性があります。果実が熟して自然に落ちるような、「そのとき」が

やってきたことがわかるかもしれません。悩みや問題も「熟し切る」ことがあるのです。

◆経済的な人間関係も好転する。　

経済的に嬉しいことが多い時期です。素敵なギフトを受け取れます。パートナーの経済状態が一気に好転する気配も。

♥混乱を超えて、新しい絆が生まれる。

8月中にパートナーや恋人との間に混乱が起こっていたなら、9月に入るとスッキリ解決します。行き違いや誤解が解けた結果、以前よりもぐっと関係が深まるかもしれません。愛の世界では特に、うまくいっている時にはわからなかったことが、問題が起こって初めてわかる、ということがあるものです。この時期、相手との深い話し合いの中で、新しい自分を発見する人もいるでしょう。愛を探している人は、積極的にアクションを起こしたい時です。「勝負する」という意識を持つと、積極的な思いが相手に伝わりやすいかもしれません。

9月 全体の星模様

双子座で木星と同座していた火星が蟹座に抜け、ヒートアップした雰囲気が一段落します。金星は既に天秤座に「帰宅」しており、水星も順行に戻って9日から乙女座入り、オウンサインです。水星も金星も自分の支配する星座で、その力がストレートに出やすいとされる配置になります。コミュニケーションやビジネス、交渉や人間関係全般が、軌道修正の流れに乗ります。

10

OCTOBER

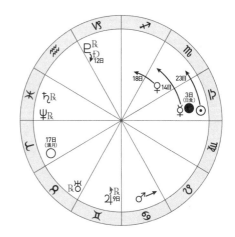

◆ 誰がなんと言おうと、自分を貫く。　

引き続き、やりたいこと、好きなことにどっぷり打ち込めます。
「人からなんと言われようと、やりたいことをやる！」という方
針が、結果的により多くの人に受け入れられるパフォーマンス
に繋がります。最初から周囲の声を気にしすぎると、方向性が
ブレて、まとまらなくなるのです。ワガママに。

◆ サポートへの感謝を表現する。　

18日以降、心躍るチャンスが巡ってきそうです。ここから11月
頭にかけて、舞台の真ん中でスポットライトを浴びるような、輝
かしい活躍ができるでしょう。念願だったポジションをゲット
する人もいるはずです。この時期は身近な人や家族の応援に恵

まれる傾向があり、手篤いサポートのおかげをもって活動できます。「自分一人の力で成し遂げたわけではない」という思いを持ち、周囲に感謝の意を表明したり、積極的に愛情表現したりすることが、さらなる飛躍のきっかけとなります。「思っているだけ」に留めず、言葉や態度に表して。

♥ **意志をもって愛する。**

情熱を生きる時です。心をガンガン燃やして人を愛することができます。とはいえ、この時期の愛のドラマは文字通り「ドラマ」のようで、ハラハラドキドキする場面が多いかもしれません。「安心・安全・穏やか」とはかけ離れています。人一倍感情量の多い魚座の人々ですが、この時期は小さな変化に短絡的に反応して「別れる」「終わり」などのラストワードを簡単に使うと、後悔の種に。あくまで粘り強く関わることで、素晴らしい愛の地平に辿り着けます。一方、問題のある愛に悩んでいる人は、ガツンと方向転換できる時期でもあります。いずれにせよ、意志をもって愛するスタンスを。

》》10月 全体の星模様《《

引き続き、火星が蟹座に位置し、金星は蠍座に入っています。太陽は天秤座で、これらの配置は全て「ちょっと変則的な面が出る」形とされています。エネルギーが暴走したり、タイミングがズレたりと、想定外の展開が多そうですが、そうしたはみ出る部分、過剰な部分がむしろ、物事の可能性を広げてくれます。3日は天秤座での日食、南米などで金環日食が見られます。

11

NOVEMBER

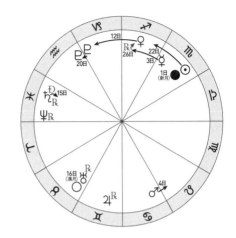

◆**混乱しているようで、実は進化している。**

忙しい時期ですが、その忙しさが渦を巻くような動きを見せま
す。ただ忙しいだけでなく、なにかしら試行錯誤、改変すべき
ことがあるようなのです。働き方や暮らし方に無理を感じてい
る人は、ここから2025年半ばにかけて転職や独立など、かなり
思い切った選択をすることになるかもしれません。

◆**時間をかける勇気を持つ。** ★彡★彡

ここから年明けにかけて、じっくり時間をかけて取り組むべき
ミッションがありそうです。やり直しや見直し、停滞や混乱も
あるかもしれませんが、焦る必要はありません。むしろ、この
時期はイレギュラーな展開にこそ意義があるのです。先に進む

54

ことよりも、立ち止まったり振り返ったりすることを優先し、できるだけたっぷり時間を使いたいところです。

◈ 状況を一変させるメッセージ。

1日前後、素敵なゴーサインを受け取れそうです。遠くからお誘いや招聘を受ける人も。16日前後には特別な朗報が飛び込んできます。誰かの「鶴の一声」で状況が一変するかも。

♥ 愛の嵐が一段落。

穏やかな雰囲気に包まれます。9月頃から嵐のような愛のドラマを生きてきた人が少なくないはずですが、その激動の時間が一段落し、ホッとひと息つけるでしょう。特にこれまで、愛に振り回されて疲れ気味だった人、安心できない愛に苛立っていた人は、ここまでの努力が実り、晴れて安定軌道に乗れるかもしれません。一方、非常に多忙な時期に入るため、プライベートの時間が確保しにくくなる気配も。時間がない中でも、互いの心のニーズを満たす工夫を心がけたい時です。

≫ 11月 全体の星模様 ≪

火星は4日から1月6日まで獅子座に滞在し、さらに逆行を経て2025年4月18日から6月17日まで長期滞在します。2025年半ばまでの中で、二段階にわたる「勝負」ができる時と言えます。射手座の水星と双子座の木星は、互いに支配星を交換するような「ミューチュアル・リセプション」の位置関係になります。錯綜するニュースがセンセーショナルに注目されそうです。

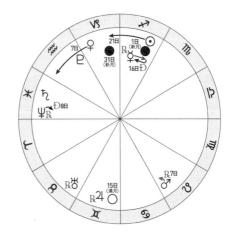

◆**無理をせず、調整を。**

16日まで、仕事や対外的な活動の場で、ちょっとした混乱が多いかもしれませんが、月の半ばを境に正常化します。期日に遅れるようなシチュエーションでは無理に合わせようとするよりは早めに連絡し、できるだけたっぷり時間を確保するほうが、いい結果を出せます。無理をせず、調整力を活かして。

◆**生活全体をマネジメントする。**

1日前後、かなり大きなミッションがスタートしそうです。出だしはなかなかうまく軌道に乗れず不安になる場面もあるかもしれませんが、月の半ばくらいから落ち着いてきます。あなた自身の意志の強さ、そして身近な人たちのサポートがカギとな

ります。仕事や対外的な活動であっても、この時期はあくまで個人としての思いの強さや生活基盤の丈夫さが物を言う気配があるのです。たとえばリモートワークなどは、生活をどうハンドリングするかで効率の善し悪しが決まります。公私の時間のマネジメントを大きく工夫できる時です。15日前後、家族や身近な人との関係が好転します。

♥「ケア」のスタンス。

「二人の時間」を大切にしたい時です。年末は会合やパーティーの多い時期ですが、敢えて二人だけの時間に余人を交えない工夫をすると、愛が育ちます。愛する人と助け合うようなシチュエーションも増えそうです。風邪を引いた時に看病してもらったり、相手が疲れている時に寄り添ったりと、「してあげられること・してもらえること」が普段より多そうなのです。ケアする気持ちを大切に。愛を探している人も、キラキラしたシーンより、苦労しているような場面、泥臭く汗を流しているような場面で愛が芽生える気配が。

》 12月 全体の星模様 《

水星は16日まで射手座で逆行します。「流言飛語による混乱」を感じさせる形です。コミュニケーションや交通機関にまつわる混乱が起こりやすいかもしれません。火のないところにウワサが立って大きくなる時なので「舌禍」に気をつけたいところです。水瓶座入りしたばかりの冥王星に、獅子座の火星が180度でアプライ（接近）します。欲望や戦意が荒ぶる高揚を見せそうです。

HOSHIORI

月と星で読む
魚座 366日のカレンダー

◆月の巡りで読む、12種類の日。

　毎日の占いをする際、最も基本的な「時計の針」となるのが、月の動きです。「今日、月が何座にいるか」がわかれば、今日のあなたの生活の中で、どんなテーマにスポットライトが当たっているかがわかります（P.64からの「366日のカレンダー」に、毎日の月のテーマが書かれています。🌙マークは新月や満月など、◆マークは星の動きです）。

　本書では、月の位置による「その日のテーマ」を、右の表のように表しています。

　月は1ヵ月で12星座を一回りするので、一つの星座に2日半ほど滞在します。ゆえに、右の表の「○○の日」は、毎日変わるのではなく、2日半ほどで切り替わります。

　月が星座から星座へと移動するタイミングが、切り替えの時間です。この「切り替えの時間」はボイドタイムの終了時間と同じです。

1. **スタートの日**：物事が新しく始まる日。
「仕切り直し」ができる、フレッシュな雰囲気の日。

2. **お金の日**：経済面・物質面で動きが起こりそうな日。
自分の手で何かを創り出せるかも。

3. **メッセージの日**：素敵なコミュニケーションが生まれる。
外出、勉強、対話の日。待っていた返信が来る。

4. **家の日**：身近な人や家族との関わりが豊かになる。
家事や掃除など、家の中のことをしたくなるかも。

5. **愛の日**：恋愛他、愛全般に追い風が吹く日。
好きなことができる。自分の時間を作れる。

6. **メンテナンスの日**：体調を整えるために休む人も。
調整や修理、整理整頓、実務などに力がこもる。

7. **人に会う日**：文字通り「人に会う」日。
人間関係が活性化する。「提出」のような場面も。

8. **プレゼントの日**：素敵なギフトを受け取れそう。
他人のアクションにリアクションするような日。

9. **旅の日**：遠出することになるか、または、
遠くから人が訪ねてくるかも。専門的学び。

10. **達成の日**：仕事や勉強など、頑張ってきたことについて、
何らかの結果が出るような日。到達。

11. **友だちの日**：交友関係が広がる、賑やかな日。
目指している夢や目標に一歩近づけるかも。

12. **ひみつの日**：自分一人の時間を持てる日。
自分自身としっかり対話できる。

◆太陽と月と星々が巡る「ハウス」のしくみ。

前ページの、月の動きによる日々のテーマは「ハウス」というしくみによって読み取れます。

「ハウス」は、「世俗のハウス」とも呼ばれる、人生や生活の様々なイベントを読み取る手法です。12星座の一つ一つを「部屋」に見立て、そこに星が出入りすることで、その時間に起こる出来事の意義やなりゆきを読み取ろうとするものです。

自分の星座が「第1ハウス」で、そこから反時計回りに12まで数字を入れてゆくと、ハウスの完成です。

第1ハウス：「自分」のハウス
第2ハウス：「生産」のハウス
第3ハウス：「コミュニケーション」のハウス
第4ハウス：「家」のハウス
第5ハウス：「愛」のハウス
第6ハウス：「任務」のハウス
第7ハウス：「他者」のハウス
第8ハウス：「ギフト」のハウス
第9ハウス：「旅」のハウス
第10ハウス：「目標と結果」のハウス
第11ハウス：「夢と友」のハウス
第12ハウス：「ひみつ」のハウス

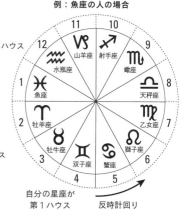

例：魚座の人の場合

自分の星座が
第1ハウス　　　反時計回り

たとえば、今日の月が射手座に位置していたとすると、この日は「第10ハウスに月がある」ということになります。

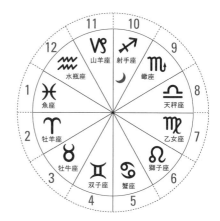

前々ページの「〇〇の日」の前に打ってある数字は、実はハウスを意味しています。「第10ハウスに月がある」日は、「10. 達成の日」です。

太陽と月、水星から海王星までの惑星、そして準惑星の冥王星が、この12のハウスをそれぞれのスピードで移動していきます。「どの星がどのハウスにあるか」で、その時間のカラーやそのとき起こっていることの意味を、読み解くことができるのです。詳しくは『星読み+ 2022〜2032年データ改訂版』（幻冬舎コミックス刊）、または『月で読むあしたの星占い』（すみれ書房刊）でどうぞ！

1 ·JANUARY·

1 月
人に会う日
人に会ったり、会う約束をしたりする日。出会いの気配も。

2 火
人に会う日
人に会ったり、会う約束をしたりする日。出会いの気配も。
◆水星が「目標と結果」のハウスで順行へ。仕事や対外的活動に関する足止めが解除される。

3 水
人に会う日 ▶ プレゼントの日   [ボイド] 08:38〜09:48
他者との関係に、さらに一歩踏み込めるように。

4 木
● プレゼントの日
人から貴重なものを受け取れる。提案を受ける場面も。
◆火星が「夢と友」のハウスへ。交友関係やチームワークに「熱」がこもる。夢を叶える勝負。

5 金
プレゼントの日 ▶ 旅の日   [ボイド] 20:42〜21:41
遠い場所との間に、橋が架かり始める。

6 土
旅の日
遠出したり、遠くから人が訪ねてくれたりする日。発信力も増す。

7 日
旅の日
遠出したり、遠くから人が訪ねてくれたりする日。発信力も増す。

8 月
旅の日 ▶ 達成の日   [ボイド] 05:24〜06:10
意欲が湧く。はっきりした成果が出る時間へ。

9 火
達成の日
目標に手が届く。結果が出る日。人から認められる場面も。

10 水
達成の日 ▶ 友だちの日   [ボイド] 03:26〜10:35
肩の力が抜け、伸びやかな気持ちになれる。

11 木
● 友だちの日
未来のプランを立てる。友だちと過ごせる。チームワーク。
◗「夢と友」のハウスで新月。新しい仲間や友に出会えるとき。夢が生まれる。迷いが晴れる。

12 金
友だちの日 ▶ ひみつの日   [ボイド] 11:35〜12:03
ざわめきから少し離れたくなる。自分の時間。

13 土
ひみつの日   [ボイド] 19:00〜
一人の時間。過去を振り返り、戦略を練る。自分を大事にする。

14 日
ひみつの日 ▶ スタートの日   [ボイド] 〜12:31
新しいことを始めやすい時間に切り替わる。
◆水星が「夢と友」のハウスへ。仲間に恵まれる爽やかな季節。友と夢を語れる。新しい計画。

15 月
スタートの日
主役の意識で動く。新しい選択肢を選べる。気持ちが切り替わる。

16 火
スタートの日 ▶ お金の日   [ボイド] 13:34〜13:50
物質面・経済活動が活性化する時間に入る。

17	水	お金の日 いわゆる「金運がいい」日。実入りが良く、いい買い物もできそう。
18	木	●お金の日 ▶ メッセージの日　　　　　　　　　　　　　[ボイド] 17:04〜17:14 「動き」が出てくる。コミュニケーションの活性。
19	金	メッセージの日 待っていた朗報が届く。勉強が捗る。外に出たくなる日。
20	土	メッセージの日 ▶ 家の日　　　　　　　　　　　　　　[ボイド] 22:59〜23:00 生活環境や身内に目が向かう。原点回帰。 ◆太陽が「ひみつ」のハウスへ。新しい1年を目前にしての、振り返りと準備の時期。
21	日	家の日 「普段の生活」が充実。身内との関係強化。環境改善ができる。 ◆冥王星が「ひみつ」のハウスへ。ここから2043年頃にかけ、深い精神的変容を遂げることになる。
22	月	家の日 「普段の生活」が充実。身内との関係強化。環境改善ができる。
23	火	家の日 ▶ 愛の日　　　　　　　　　　　　　　　　　　[ボイド] 05:42〜06:52 愛の追い風が吹く。好きなことができる。 ◆金星が「夢と友」のハウスへ。友や仲間との交流が華やかに。「恵み」を受け取れる。
24	水	愛の日 愛について嬉しいことがある。子育て、趣味、創作にも追い風が。
25	木	愛の日 ▶ メンテナンスの日　　　　　　　　　　　　　[ボイド] 08:00〜16:38 「やりたいこと」から「やるべきこと」へのシフト。
26	金	○メンテナンスの日 生活や心身の故障部分を修理できる。ケアしたり、されたり。 ◗「任務」のハウスで満月。日々の努力や蓄積が「実る」。自他の体調のケアに留意。
27	土	メンテナンスの日　　　　　　　　　　　　　　　　　　[ボイド] 06:21〜 生活や心身の故障部分を修理できる。ケアしたり、されたり。 ◆天王星が「コミュニケーション」のハウスで順行へ。新しいコミュニケーションの方法を試したくなる。
28	日	メンテナンスの日 ▶ 人に会う日　　　　　　　　　　　[ボイド] 〜04:13 「自分の世界」から「外界」へ出るような節目。
29	月	人に会う日 人に会ったり、会う約束をしたりする日。出会いの気配も。
30	火	人に会う日 ▶ プレゼントの日　　　　　　　　　　　　[ボイド] 08:22〜17:06 他者との関係に、さらに一歩踏み込めるように。
31	水	プレゼントの日 人から貴重なものを受け取れる。提案を受ける場面も。

2 ·FEBRUARY·

1 木　プレゼントの日　　　　　　　　　　　　　　　　　　　　[ボイド] 18:05〜
人から貴重なものを受け取れる。提案を受ける場面も。

2 金　プレゼントの日 ▶ 旅の日　　　　　　　　　　　　　　　　[ボイド] 〜05:39
遠い場所との間に、橋が架かり始める。

3 土　◗ 旅の日
遠出したり、遠くから人が訪ねてくれたりする日。発信力も増す。

4 日　旅の日 ▶ 達成の日　　　　　　　　　　　　　　　[ボイド] 12:26〜15:30
意欲が湧く。はっきりした成果が出る時間へ。

5 月　達成の日
目標に手が届く。結果が出る日。人から認められる場面も。
◆水星が「ひみつ」のハウスへ。思考が深まる。思索、瞑想、誰かの
ための勉強。記録の精査。

6 火　達成の日 ▶ 友だちの日　　　　　　　　　　　　　[ボイド] 14:08〜21:10
肩の力が抜け、伸びやかな気持ちになれる。

7 水　友だちの日
未来のプランを立てる。友だちと過ごせる。チームワーク。

8 木　友だちの日 ▶ ひみつの日　　　　　　　　　　　　[ボイド] 16:54〜23:01
ざわめきから少し離れたくなる。自分の時間。

9 金　ひみつの日
一人の時間。過去を振り返り、戦略を練る。自分を大事にする。

10 土　● ひみつの日 ▶ スタートの日　　　　　　　　　　[ボイド] 08:01〜22:44
新しいことを始めやすい時間に切り替わる。
☽「ひみつ」のハウスで新月。密かな迷いから解放される。自他を
救うための行動を起こす。

11 日　スタートの日
主役の意識で動く。新しい選択肢を選べる。気持ちが切り替わる。

12 月　スタートの日 ▶ お金の日　　　　　　　　　　　　[ボイド] 21:33〜22:27
物質面・経済活動が活性化する時間に入る。

13 火　お金の日
いわゆる「金運がいい」日。実入りが良く、いい買い物もできそう。
◆火星が「ひみつ」のハウスへ。内なる敵と闘って克服できる時間。
自分の真の強さを知る。

14 水　お金の日　　　　　　　　　　　　　　　　　　　　　[ボイド] 19:22〜
いわゆる「金運がいい」日。実入りが良く、いい買い物もできそう。

15 木　お金の日 ▶ メッセージの日　　　　　　　　　　　　　[ボイド] 〜00:04
「動き」が出てくる。コミュニケーションの活性。

16 金　メッセージの日
待っていた朗報が届く。勉強が捗る。外に出たくなる日。

17	土	◐メッセージの日 ▶ 家の日　　[ボイド] 00:02〜04:41 生活環境や身内に目が向かう。原点回帰。 ◆金星が「ひみつ」のハウスへ。これ以降、純粋な愛情から行動できる。一人の時間の充実も。
18	日	家の日 「普段の生活」が充実。身内との関係強化。環境改善ができる。
19	月	家の日 ▶ 愛の日　　[ボイド] 12:22〜12:26 愛の追い風が吹く。好きなことができる。 ◆太陽が「自分」のハウスへ。お誕生月の始まり、新しい1年への「扉」を開くとき。
20	火	愛の日 愛について嬉しいことがある。子育て、趣味、創作にも追い風が。
21	水	愛の日 ▶ メンテナンスの日　　[ボイド] 15:39〜22:42 「やりたいこと」から「やるべきこと」へのシフト。
22	木	メンテナンスの日 生活や心身の故障部分を修理できる。ケアしたり、されたり。
23	金	メンテナンスの日　　[ボイド] 13:19〜 生活や心身の故障部分を修理できる。ケアしたり、されたり。 ◆水星が「自分」のハウスへ。知的活動が活性化。若々しい気持ち、行動力。発言力の強化。
24	土	○メンテナンスの日 ▶ 人に会う日　　[ボイド] 〜10:39 「自分の世界」から「外界」へ出るような節目。 ☽「他者」のハウスで満月。誰かとの一対一の関係が「満ちる」。交渉の成立、契約。
25	日	人に会う日 人に会ったり、会う約束をしたりする日。出会いの気配も。
26	月	人に会う日 ▶ プレゼントの日　　[ボイド] 16:37〜23:31 他者との関係に、さらに一歩踏み込めるように。
27	火	プレゼントの日 人から貴重なものを受け取れる。提案を受ける場面も。
28	水	プレゼントの日　　[ボイド] 03:23〜 人から貴重なものを受け取れる。提案を受ける場面も。
29	木	プレゼントの日 ▶ 旅の日　　[ボイド] 〜12:11 遠い場所との間に、橋が架かり始める。

3 ·MARCH·

1 金 旅の日
遠出したり、遠くから人が訪ねてくれたりする日。発信力も増す。

2 土 旅の日 ▶ 達成の日 [ボイド] 16:49〜22:58
意欲が湧く。はっきりした成果が出る時間へ。

3 日 達成の日
目標に手が届く。結果が出る日。人から認められる場面も。

4 月 ◐ 達成の日
目標に手が届く。結果が出る日。人から認められる場面も。

5 火 達成の日 ▶ 友だちの日 [ボイド] 00:42〜06:17
肩の力が抜け、伸びやかな気持ちになれる。

6 水 友だちの日
未来のプランを立てる。友だちと過ごせる。チームワーク。

7 木 友だちの日 ▶ ひみつの日 [ボイド] 04:37〜09:40
ざわめきから少し離れたくなる。自分の時間。

8 金 ひみつの日
一人の時間。過去を振り返り、戦略を練る。自分を大事にする。

9 土 ひみつの日 ▶ スタートの日 [ボイド] 03:57〜10:05
新しいことを始めやすい時間に切り替わる。

10 日 ● スタートの日
主役の意識で動く。新しい選択肢を選べる。気持ちが切り替わる。
◆水星が「生産」のハウスへ。経済活動に知性を活かす。情報収集、経営戦略。在庫管理。☽「自分」のハウスで新月。大切なことがスタートする節目。フレッシュな「切り替え」。

11 月 スタートの日 ▶ お金の日 [ボイド] 04:47〜09:21
物質面・経済活動が活性化する時間に入る。

12 火 お金の日 [ボイド] 20:10〜
いわゆる「金運がいい」日。実入りが良く、いい買い物もできそう。
◆金星が「自分」のハウスに。あなたの魅力が輝く季節の到来。愛に恵まれる楽しい日々へ。

13 水 お金の日 ▶ メッセージの日 [ボイド] 〜09:30
「動き」が出てくる。コミュニケーションの活性。

14 木 メッセージの日
待っていた朗報が届く。勉強が捗る。外に出たくなる日。

15 金 メッセージの日 ▶ 家の日 [ボイド] 07:31〜12:17
生活環境や身内に目が向かう。原点回帰。

16 土 家の日
「普段の生活」が充実。身内との関係強化。環境改善ができる。

17 日 ◑ 家の日 ▶ 愛の日 [ボイド] 13:45〜18:42
愛の追い風が吹く。好きなことができる。

18	月	愛の日 愛について嬉しいことがある。子育て、趣味、創作にも追い風が。
19	火	愛の日 愛について嬉しいことがある。子育て、趣味、創作にも追い風が。
20	水	愛の日 ▶ メンテナンスの日　　　　　　　　　[ボイド] 03:54〜04:34 「やりたいこと」から「やるべきこと」へのシフト。 ◆太陽が「生産」のハウスへ。1年のサイクルの中で「物質的・経済的土台」を整備する。
21	木	メンテナンスの日 生活や心身の故障部分を修理できる。ケアしたり、されたり。
22	金	メンテナンスの日 ▶ 人に会う日　　　　　　　[ボイド] 15:36〜16:43 「自分の世界」から「外界」へ出るような節目。
23	土	人に会う日 人に会ったり、会う約束をしたりする日。出会いの気配も。 ◆火星が「自分」のハウスへ。熱い自己変革の季節へ。勝負、挑戦。自分から動きたくなる。
24	日	人に会う日 人に会ったり、会う約束をしたりする日。出会いの気配も。
25	月	○人に会う日 ▶ プレゼントの日　　　　　　　[ボイド] 00:51〜05:39 他者との関係に、さらに一歩踏み込めるように。 ☽「ギフト」のハウスで月食。誰かが貴方に、予想外の形で「気持ち」を示してくれそう。
26	火	プレゼントの日 人から貴重なものを受け取れる。提案を受ける場面も。
27	水	プレゼントの日 ▶ 旅の日　　　　　　　　　　[ボイド] 08:11〜18:04 遠い場所との間に、橋が架かり始める。
28	木	旅の日 遠出したり、遠くから人が訪ねてくれたりする日。発信力も増す。
29	金	旅の日 遠出したり、遠くから人が訪ねてくれたりする日。発信力も増す。
30	土	旅の日 ▶ 達成の日　　　　　　　　　　　　　[ボイド] 00:41〜04:53 意欲が湧く。はっきりした成果が出る時間へ。
31	日	達成の日 目標に手が届く。結果が出る日。人から認められる場面も。

4 ·APRIL·

1 月 達成の日 ▶ 友だちの日   [ボイド] 09:18～13:07
肩の力が抜け、伸びやかな気持ちになれる。

2 火 ◗友だちの日
未来のプランを立てる。友だちと過ごせる。チームワーク。
◆水星が「生産」のハウスで逆行開始。経済活動に関する整理と記録。再計算。棚卸し。

3 水 友だちの日 ▶ ひみつの日   [ボイド] 14:42～18:09
ざわめきから少し離れたくなる。自分の時間。

4 木 ひみつの日
一人の時間。過去を振り返り、戦略を練る。自分を大事にする。

5 金 ひみつの日 ▶ スタートの日   [ボイド] 14:41～20:14
新しいことを始めやすい時間に切り替わる。
◆金星が「生産」のハウスへ。経済活動の活性化、上昇気流。物質的豊かさの開花。

6 土 スタートの日
主役の意識で動く。新しい選択肢を選べる。気持ちが切り替わる。

7 日 スタートの日 ▶ お金の日   [ボイド] 17:29～20:26
物質面・経済活動が活性化する時間に入る。

8 月 お金の日
いわゆる「金運がいい」日。実入りが良く、いい買い物もできそう。

9 火 ●お金の日 ▶ メッセージの日   [ボイド] 11:40～20:25
「動き」が出てくる。コミュニケーションの活性。
◖「生産」のハウスで日食。経済的に、ドラマティックなスタートを切ることができそう。

10 水 メッセージの日
待っていた朗報が届く。勉強が捗る。外に出たくなる日。

11 木 メッセージの日 ▶ 家の日   [ボイド] 19:06～22:00
生活環境や身内に目が向かう。原点回帰。

12 金 家の日
「普段の生活」が充実。身内との関係強化。環境改善ができる。

13 土   [ボイド] 23:48～
「普段の生活」が充実。身内との関係強化。環境改善ができる。

14 日 家の日 ▶ 愛の日   [ボイド] ～02:47
愛の追い風が吹く。好きなことができる。

15 月 愛の日
愛について嬉しいことがある。子育て、趣味、創作にも追い風が。

16 火 ◖愛の日 ▶ メンテナンスの日   [ボイド] 08:24～11:26
「やりたいこと」から「やるべきこと」へのシフト。

17	水	メンテナンスの日 生活や心身の故障部分を修理できる。ケアしたり、されたり。
18	木	メンテナンスの日 ▶ 人に会う日　　　　　　　　　[ボイド] 21:04〜23:12 「自分の世界」から「外界」へ出るような節目。
19	金	人に会う日 人に会ったり、会う約束をしたりする日。出会いの気配も。 ◆太陽が「コミュニケーション」のハウスへ。1年のサイクルの中で コミュニケーションを繋ぎ直すとき。
20	土	人に会う日 人に会ったり、会う約束をしたりする日。出会いの気配も。
21	日	人に会う日 ▶ プレゼントの日　　　　　　　　　[ボイド] 09:21〜12:10 他者との関係に、さらに一歩踏み込めるように。
22	月	プレゼントの日 人から貴重なものを受け取れる。提案を受ける場面も。
23	火	プレゼントの日　　　　　　　　　　　　　　　　[ボイド] 08:26〜 人から貴重なものを受け取れる。提案を受ける場面も。
24	水	○プレゼントの日 ▶ 旅の日　　　　　　　　　　　[ボイド] 〜00:21 遠い場所との間に、橋が架かり始める。 ☽「旅」のハウスで満月。遠い場所への扉が「満を持して」開かれる。 遠くまで声が届く。
25	木	旅の日 遠出したり、遠くから人が訪ねてくれたりする日。発信力も増す。 ◆水星が「生産」のハウスで順行へ。経済的混乱が解消していく。 物質面での整理を再開。
26	金	旅の日 ▶ 達成の日　　　　　　　　　　　　　　[ボイド] 08:18〜10:39 意欲が湧く。はっきりした成果が出る時間へ。
27	土	達成の日 目標に手が届く。結果が出る日。人から認められる場面も。
28	日	達成の日 ▶ 友だちの日　　　　　　　　　　　　[ボイド] 16:33〜18:39 肩の力が抜け、伸びやかな気持ちになれる。
29	月	友だちの日 未来のプランを立てる。友だちと過ごせる。チームワーク。 ◆金星が「コミュニケーション」のハウスへ。喜びある学び、対話、 外出。言葉による優しさ、愛の伝達。
30	火	友だちの日 未来のプランを立てる。友だちと過ごせる。チームワーク。

5 ·MAY·

1	水	◐友だちの日 ▶ ひみつの日 [ボイド] 00:20〜00:21 ざわめきから少し離れたくなる。自分の時間。 ◆火星が「生産」のハウスへ。ほてりが収まって地に足がつく。経済的な「勝負」も。
2	木	ひみつの日 [ボイド] 18:30〜 一人の時間。過去を振り返り、戦略を練る。自分を大事にする。
3	金	ひみつの日 ▶ スタートの日 [ボイド] 〜03:53 新しいことを始めやすい時間に切り替わる。 ◆冥王星が「ひみつ」のハウスで逆行開始。心の中の最も暗い場所まで降りていくプロセスへ。
4	土	スタートの日 主役の意識で動く。新しい選択肢を選べる。気持ちが切り替わる。
5	日	スタートの日 ▶ お金の日 [ボイド] 04:08〜05:42 物質面・経済活動が活性化する時間に入る。
6	月	お金の日 [ボイド] 14:59〜 いわゆる「金運がいい」日。実入りが良く、いい買い物もできそう。
7	火	お金の日 ▶ メッセージの日 [ボイド] 〜06:44 「動き」が出てくる。コミュニケーションの活性。
8	水	●メッセージの日 待っていた朗報が届く。勉強が捗る。外に出たくなる日。 ◗「コミュニケーション」のハウスで新月。新しいコミュニケーションが始まる。学び始める。朗報も。
9	木	メッセージの日 ▶ 家の日 [ボイド] 06:57〜08:22 生活環境や身内に目が向かう。原点回帰。
10	金	家の日 「普段の生活」が充実。身内との関係強化。環境改善ができる。
11	土	家の日 ▶ 愛の日 [ボイド] 10:51〜12:15 愛の追い風が吹く。好きなことができる。
12	日	愛の日 愛について嬉しいことがある。子育て、趣味、創作にも追い風が。
13	月	愛の日 ▶ メンテナンスの日 [ボイド] 18:14〜19:38 「やりたいこと」から「やるべきこと」へのシフト。
14	火	メンテナンスの日 生活や心身の故障部分を修理できる。ケアしたり、されたり。
15	水	◐メンテナンスの日 生活や心身の故障部分を修理できる。ケアしたり、されたり。
16	木	メンテナンスの日 ▶ 人に会う日 [ボイド] 01:42〜06:34 「自分の世界」から「外界」へ出るような節目。 ◆水星が「コミュニケーション」のハウスへ。知的活動の活性化、コミュニケーションの進展。学習の好機。

17	金	人に会う日 人に会ったり、会う約束をしたりする日。出会いの気配も。
18	土	人に会う日 ▶ プレゼントの日　　　　　　　　　　［ボイド］18:10〜19:24 他者との関係に、さらに一歩踏み込めるように。
19	日	プレゼントの日 人から貴重なものを受け取れる。提案を受ける場面も。
20	月	プレゼントの日　　　　　　　　　　　　　　　　　［ボイド］00:50〜 人から貴重なものを受け取れる。提案を受ける場面も。 ◆太陽が「家」のハウスへ。1年のサイクルの中で「居場所・家・心」を整備し直すとき。
21	火	プレゼントの日 ▶ 旅の日　　　　　　　　　　　　　［ボイド］〜07:36 遠い場所との間に、橋が架かり始める。
22	水	旅の日 遠出したり、遠くから人が訪ねてくれたりする日。発信力も増す。
23	木	○旅の日 ▶ 達成の日　　　　　　　　　　　　　　　［ボイド］16:30〜17:26 意欲が湧く。はっきりした成果が出る時間へ。 ☽「目標と結果」のハウスで満月。目標達成のとき。社会的立場が一段階上がるような節目。
24	金	達成の日 目標に手が届く。結果が出る日。人から認められる場面も。 ◆金星が「家」のハウスへ。身近な人とのあたたかな交流。愛着。居場所を美しくする。
25	土	達成の日　　　　　　　　　　　　　　　　　　　　［ボイド］23:49〜 目標に手が届く。結果が出る日。人から認められる場面も。
26	日	達成の日 ▶ 友だちの日　　　　　　　　　　　　　　［ボイド］〜00:37 肩の力が抜け、伸びやかな気持ちになれる。 ◆木星が「家」のハウスへ。「居場所・自分の世界の構築」の1年の始まり。「身内」が増える。
27	月	友だちの日 未来のプランを立てる。友だちと過ごせる。チームワーク。
28	火	友だちの日 ▶ ひみつの日　　　　　　　　　　　　　［ボイド］05:04〜05:46 ざわめきから少し離れたくなる。自分の時間。
29	水	ひみつの日　　　　　　　　　　　　　　　　　　　［ボイド］23:22〜 一人の時間。過去を振り返り、戦略を練る。自分を大事にする。
30	木	ひみつの日 ▶ スタートの日　　　　　　　　　　　　［ボイド］〜09:34 新しいことを始めやすい時間に切り替わる。
31	金	●スタートの日 主役の意識で動く。新しい選択肢を選べる。気持ちが切り替わる。

6 ·JUNE·

1 土 スタートの日 ▶ お金の日 　　　　　　　　[ボイド] 11:56〜12:30
物質面・経済活動が活性化する時間に入る。

2 日 お金の日
いわゆる「金運がいい」日。実入りが良く、いい買い物もできそう。

3 月 お金の日 ▶ メッセージの日 　　　　　　　[ボイド] 07:05〜14:57
「動き」が出てくる。コミュニケーションの活性。
◆水星が「家」のハウスへ。来訪者。身近な人との対話。若々しい
風が居場所に吹き込む。

4 火 メッセージの日
待っていた朗報が届く。勉強が捗る。外に出たくなる日。

5 水 メッセージの日 ▶ 家の日 　　　　　　　　[ボイド] 17:11〜17:38
生活環境や身内に目が向かう。原点回帰。

6 木 ●家の日
「普段の生活」が充実。身内との関係強化。環境改善ができる。
☽「家」のハウスで新月。心の置き場所が新たに定まる。日常に新
しい風が吹き込む。

7 金 家の日 ▶ 愛の日 　　　　　　　　　　　[ボイド] 21:17〜21:43
愛の追い風が吹く。好きなことができる。

8 土 愛の日
愛について嬉しいことがある。子育て、趣味、創作にも追い風が。

9 日 愛の日
愛について嬉しいことがある。子育て、趣味、創作にも追い風が。
◆火星が「コミュニケーション」のハウスに。熱いコミュニケーション、
議論。向学心。外に出て動く日々へ。

10 月 愛の日 ▶ メンテナンスの日 　　　　　　[ボイド] 04:07〜04:30
「やりたいこと」から「やるべきこと」へのシフト。

11 火 メンテナンスの日
生活や心身の故障部分を修理できる。ケアしたり、されたり。

12 水 メンテナンスの日 ▶ 人に会う日 　　　　[ボイド] 04:18〜14:40
「自分の世界」から「外界」へ出るような節目。

13 木 人に会う日
人に会ったり、会う約束をしたりする日。出会いの気配も。

14 金 ◖人に会う日
人に会ったり、会う約束をしたりする日。出会いの気配も。

15 土 人に会う日 ▶ プレゼントの日 　　　　　[ボイド] 02:55〜03:14
他者との関係に、さらに一歩踏み込めるように。

16 日 プレゼントの日
人から貴重なものを受け取れる。提案を受ける場面も。

17	月	プレゼントの日 ▶ 旅の日　　　　　　　　　　　　　　　［ボイド］15:06〜15:40 遠い場所との間に、橋が架かり始める。 ◆金星が「愛」のハウスへ。華やかな愛の季節の始まり。創造的活動への強い追い風。◆水星が「愛」のハウスへ。愛に関する学び、教育。若々しい創造性、遊び。知的創造。
18	火	旅の日 遠出したり、遠くから人が訪ねてくれたりする日。発信力も増す。
19	水	旅の日 遠出したり、遠くから人が訪ねてくれたりする日。発信力も増す。
20	木	旅の日 ▶ 達成の日　　　　　　　　　　　　　　　　［ボイド］01:21〜01:33 意欲が湧く。はっきりした成果が出る時間へ。
21	金	達成の日 目標に手が届く。結果が出る日。人から認められる場面も。 ◆太陽が「愛」のハウスへ。1年のサイクルの中で「愛・喜び・創造性」を再生するとき。
22	土	○ 達成の日 ▶ 友だちの日　　　　　　　　　　　　　　［ボイド］08:00〜08:10 肩の力が抜け、伸びやかな気持ちになれる。 ☽「夢と友」のハウスで満月。希望してきた条件が整う。友や仲間への働きかけが「実る」。
23	日	友だちの日 未来のプランを立てる。友だちと過ごせる。チームワーク。
24	月	友だちの日 ▶ ひみつの日　　　　　　　　　　　　　　［ボイド］12:07〜12:16 ざわめきから少し離れたくなる。自分の時間。
25	火	ひみつの日 一人の時間。過去を振り返り、戦略を練る。自分を大事にする。
26	水	ひみつの日 ▶ スタートの日　　　　　　　　　　　　　［ボイド］07:31〜15:09 新しいことを始めやすい時間に切り替わる。
27	木	スタートの日 主役の意識で動く。新しい選択肢を選べる。気持ちが切り替わる。
28	金	スタートの日 ▶ お金の日　　　　　　　　　　　　　　［ボイド］17:46〜17:54 物質面・経済活動が活性化する時間に入る。
29	土	● お金の日 いわゆる「金運がいい」日。実入りが良く、いい買い物もできそう。
30	日	お金の日 ▶ メッセージの日　　　　　　　　　　　　　［ボイド］13:58〜21:02 「動き」が出てくる。コミュニケーションの活性。 ◆土星が「自分」のハウスで逆行開始。緊張を緩め、周囲を見渡す余裕が出てくる。

7 ・JULY・

1 月
メッセージの日
待っていた朗報が届く。勉強が捗る。外に出たくなる日。

2 火
メッセージの日
待っていた朗報が届く。勉強が捗る。外に出たくなる日。
◆海王星が「自分」のハウスで逆行開始。心の探検の開始。もう一人の自分を探す旅の始まり。◆水星が「任務」のハウスへ。日常生活の整理、整備。健康チェック。心身の調律。

3 水
メッセージの日▶家の日　　　　　　　　　　[ボイド] 00:45〜00:52
生活環境や身内に目が向かう。原点回帰。

4 木
家の日
「普段の生活」が充実。身内との関係強化。環境改善ができる。

5 金
家の日▶愛の日　　　　　　　　　　　　　[ボイド] 05:45〜05:53
愛の追い風が吹く。好きなことができる。

6 土
●愛の日
愛について嬉しいことがある。子育て、趣味、創作にも追い風が。
◗「愛」のハウスで新月。愛が「生まれる」ようなタイミング。大切なものと結びつく。

7 日
愛の日▶メンテナンスの日　　　　　　　　[ボイド] 12:49〜12:57
「やりたいこと」から「やるべきこと」へのシフト。

8 月
メンテナンスの日
生活や心身の故障部分を修理できる。ケアしたり、されたり。

9 火
メンテナンスの日▶人に会う日　　　　　　[ボイド] 15:05〜22:49
「自分の世界」から「外界」へ出るような節目。

10 水
人に会う日
人に会ったり、会う約束をしたりする日。出会いの気配も。

11 木
人に会う日
人に会ったり、会う約束をしたりする日。出会いの気配も。

12 金
人に会う日▶プレゼントの日　　　　　　　[ボイド] 10:57〜11:08
他者との関係に、さらに一歩踏み込めるように。
◆金星が「任務」のハウスへ。美しい生活スタイルの実現。美のための習慣。楽しい仕事。

13 土
プレゼントの日
人から貴重なものを受け取れる。提案を受ける場面も。

14 日
◐プレゼントの日▶旅の日　　　　　　　　[ボイド] 07:50〜23:54
遠い場所との間に、橋が架かり始める。

15 月
旅の日
遠出したり、遠くから人が訪ねてくれたりする日。発信力も増す。

16 火
旅の日
遠出したり、遠くから人が訪ねてくれたりする日。発信力も増す。

17 水　旅の日 ▶ 達成の日　　　　　　　　　　　　　　　　［ボイド］10:12〜10:26
意欲が湧く。はっきりした成果が出る時間へ。

18 木　達成の日
目標に手が届く。結果が出る日。人から認められる場面も。

19 金　達成の日 ▶ 友だちの日　　　　　　　　　　　　　　　　［ボイド］17:00〜17:15
肩の力が抜け、伸びやかな気持ちになれる。

20 土　友だちの日
未来のプランを立てる。友だちと過ごせる。チームワーク。

21 日　○ 友だちの日 ▶ ひみつの日　　　　　　　　　　　　　　　　［ボイド］20:28〜20:45
ざわめきから少し離れたくなる。自分の時間。◆火星が「家」のハウスへ。居場所を「動かす」時期。環境変化、引越、家族との取り組み。☽「夢と友」のハウスで満月。希望してきた条件が整う。友や仲間への働きかけが「実る」。

22 月　ひみつの日
一人の時間。過去を振り返り、戦略を練る。自分を大事にする。◆太陽が「任務」のハウスへ。1年のサイクルの中で「健康・任務・日常」を再構築するとき。

23 火　ひみつの日 ▶ スタートの日　　　　　　　　　　　　　　　　［ボイド］19:00〜22:25
新しいことを始めやすい時間に切り替わる。

24 水　スタートの日
主役の意識で動く。新しい選択肢を選べる。気持ちが切り替わる。

25 木　スタートの日 ▶ お金の日　　　　　　　　　　　　　　　　［ボイド］23:33〜23:54
物質面・経済活動が活性化する時間に入る。

26 金　お金の日
いわゆる「金運がいい」日。実入りが良く、いい買い物もできそう。◆水星が「他者」のハウスへ。正面から向き合う対話。調整のための交渉。若い人との出会い。

27 土　お金の日　　　　　　　　　　　　　　　　［ボイド］07:16〜
いわゆる「金運がいい」日。実入りが良く、いい買い物もできそう。

28 日　◗ お金の日 ▶ メッセージの日　　　　　　　　　　　　　　　　［ボイド］〜02:24
「動き」が出てくる。コミュニケーションの活性。

29 月　メッセージの日
待っていた朗報が届く。勉強が捗る。外に出たくなる日。

30 火　メッセージの日 ▶ 家の日　　　　　　　　　　　　　　　　［ボイド］06:01〜06:29
生活環境や身内に目が向かう。原点回帰。

31 水　家の日
「普段の生活」が充実。身内との関係強化。環境改善ができる。

8 ・AUGUST・

1 木
<small>家の日 ▶ 愛の日</small>   [ボイド] 11:48～12:21
愛の追い風が吹く。好きなことができる。

2 金
<small>愛の日</small>
愛について嬉しいことがある。子育て、趣味、創作にも追い風が。

3 土
<small>愛の日 ▶ メンテナンスの日</small>   [ボイド] 19:33～20:11
「やりたいこと」から「やるべきこと」へのシフト。

4 日
<small>●メンテナンスの日</small>
生活や心身の故障部分を修理できる。ケアしたり、されたり。
●「任務」のハウスで新月。新しい生活習慣、新しい任務がスタートするとき。体調の調整。

5 月
<small>メンテナンスの日</small>
生活や心身の故障部分を修理できる。ケアしたり、されたり。
◆金星が「他者」のハウスへ。人間関係から得られる喜び。愛あるパートナーシップ。◆水星が「他者」のハウスで逆行開始。人間関係の復活、再会。迷路を抜けて人に会う。

6 火
<small>メンテナンスの日 ▶ 人に会う日</small>   [ボイド] 00:18～06:18
「自分の世界」から「外界」へ出るような節目。

7 水
<small>人に会う日</small>
人に会ったり、会う約束をしたりする日。出会いの気配も。

8 木
<small>人に会う日 ▶ プレゼントの日</small>   [ボイド] 17:42～18:33
他者との関係に、さらに一歩踏み込めるように。

9 金
<small>プレゼントの日</small>
人から貴重なものを受け取れる。提案を受ける場面も。

10 土
<small>プレゼントの日</small>   [ボイド] 06:46～
人から貴重なものを受け取れる。提案を受ける場面も。

11 日
<small>プレゼントの日 ▶ 旅の日</small>   [ボイド] ～07:35
遠い場所との間に、橋が架かり始める。

12 月
<small>旅の日</small>
遠出したり、遠くから人が訪ねてくれたりする日。発信力も増す。

13 火
<small>●旅の日 ▶ 達成の日</small>   [ボイド] 18:03～19:02
意欲が湧く。はっきりした成果が出る時間へ。

14 水
<small>達成の日</small>
目標に手が届く。結果が出る日。人から認められる場面も。

15 木
<small>達成の日</small>
目標に手が届く。結果が出る日。人から認められる場面も。
◆逆行中の水星が「任務」のハウスに。生活・健康面での「見落とし」を軌道修正できる。

16 金
<small>達成の日 ▶ 友だちの日</small>   [ボイド] 01:54～02:53
肩の力が抜け、伸びやかな気持ちになれる。

17 土　友だちの日
未来のプランを立てる。友だちと過ごせる。チームワーク。

18 日　友だちの日 ▶ ひみつの日　　　　　　　　　　[ボイド] 05:45〜06:46
ざわめきから少し離れたくなる。自分の時間。

19 月　ひみつの日
一人の時間。過去を振り返り、戦略を練る。自分を大事にする。

20 火　○ひみつの日 ▶ スタートの日　　　　　　　　[ボイド] 03:27〜07:53
新しいことを始めやすい時間に切り替わる。
☽「ひみつ」のハウスで満月。時間をかけて治療してきた傷が癒える。
自他を赦し赦される。

21 水　スタートの日
主役の意識で動く。新しい選択肢を選べる。気持ちが切り替わる。

22 木　スタートの日 ▶ お金の日　　　　　　　　　　[ボイド] 06:56〜08:03
物質面・経済活動が活性化する時間に入る。
◆太陽が「他者」のハウスへ。1年のサイクルの中で人間関係を
「結び直す」とき。

23 金　お金の日　　　　　　　　　　　　　　　　　[ボイド] 21:46〜
いわゆる「金運がいい」日。実入りが良く、いい買い物もできそう。

24 土　お金の日 ▶ メッセージの日　　　　　　　　　[ボイド] 〜09:02
「動き」が出てくる。コミュニケーションの活性。

25 日　メッセージの日
待っていた朗報が届く。勉強が捗る。外に出たくなる日。

26 月　◑メッセージの日 ▶ 家の日　　　　　　　　[ボイド] 10:42〜12:06
生活環境や身内に目が向かう。原点回帰。

27 火　家の日
「普段の生活」が充実。身内との関係強化。環境改善ができる。

28 水　家の日 ▶ 愛の日　　　　　　　　　　　　　[ボイド] 16:15〜17:49
愛の追い風が吹く。好きなことができる。

29 木　愛の日
愛について嬉しいことがある。子育て、趣味、創作にも追い風が。
◆水星が「任務」のハウスで順行へ。体調が整い、やるべきことが
はっきり見えてくる。◆金星が「ギフト」のハウスへ。欲望の解放と調
整、他者への要求、他者からの要求。甘え。

30 金　愛の日
愛について嬉しいことがある。子育て、趣味、創作にも追い風が。

31 土　愛の日 ▶ メンテナンスの日　　　　　　　　[ボイド] 00:26〜02:11
「やりたいこと」から「やるべきこと」へのシフト。

9 ·SEPTEMBER·

1 日
メンテナンスの日
生活や心身の故障部分を修理できる。ケアしたり、されたり。

2 月
メンテナンスの日 ▶ 人に会う日　　　　　　　　[ボイド] 09:27〜12:50
「自分の世界」から「外界」へ出るような節目。
◆天王星が「コミュニケーション」のハウスで逆行開始。あり得なさそうなアイデアもあえて試し始める。◆逆行中の冥王星が「夢と友」のハウスへ。2008年頃から追いかけた夢の達成度を確かめる時間に入る。

3 火
● 人に会う日
人に会ったり、会う約束をしたりする日。出会いの気配も。
☽「他者」のハウスで新月。出会いのとき。誰かとの関係が刷新。未来への約束を交わす。

4 水
人に会う日
人に会ったり、会う約束をしたりする日。出会いの気配も。

5 木
人に会う日 ▶ プレゼントの日　　　　　　　　[ボイド] 01:08〜01:13
他者との関係に、さらに一歩踏み込めるように。
◆火星が「愛」のハウスへ。情熱的な愛、積極的自己表現。愛と理想のための戦い。

6 金
プレゼントの日
人から貴重なものを受け取れる。提案を受ける場面も。

7 土
プレゼントの日 ▶ 旅の日　　　　　　　　　　[ボイド] 14:10〜14:20
遠い場所との間に、橋が架かり始める。

8 日
旅の日
遠出したり、遠くから人が訪ねてくれたりする日。発信力も増す。

9 月
旅の日
遠出したり、遠くから人が訪ねてくれたりする日。発信力も増す。
◆再び水星が「他者」のハウスに。人間関係が正常化へ。誤解が解け、対話が豊かになる。

10 火
旅の日 ▶ 達成の日　　　　　　　　　　　　　[ボイド] 02:13〜02:27
意欲が湧く。はっきりした成果が出る時間へ。

11 水
◐ 達成の日
目標に手が届く。結果が出る日。人から認められる場面も。

12 木
達成の日 ▶ 友だちの日　　　　　　　　　　　[ボイド] 09:22〜11:39
肩の力が抜け、伸びやかな気持ちになれる。

13 金
友だちの日
未来のプランを立てる。友だちと過ごせる。チームワーク。

14 土
友だちの日 ▶ ひみつの日　　　　　　　　　　[ボイド] 16:36〜16:55
ざわめきから少し離れたくなる。自分の時間。

15 日
ひみつの日
一人の時間。過去を振り返り、戦略を練る。自分を大事にする。

16	月	ひみつの日 ▶ スタートの日 [ボイド] 14:06〜18:41 新しいことを始めやすい時間に切り替わる。
17	火	スタートの日 主役の意識で動く。新しい選択肢を選べる。気持ちが切り替わる。
18	水	○スタートの日 ▶ お金の日 [ボイド] 18:04〜18:26 物質面・経済活動が活性化する時間に入る。 ☽「自分」のハウスで月食。時が満ちて、不思議な「羽化・変身」を遂げられるとき。
19	木	お金の日 いわゆる「金運がいい」日。実入りが良く、いい買い物もできそう。
20	金	お金の日 ▶ メッセージの日 [ボイド] 17:40〜18:04 「動き」が出てくる。コミュニケーションの活性。
21	土	メッセージの日 待っていた朗報が届く。勉強が捗る。外に出たくなる日。
22	日	メッセージの日 ▶ 家の日 [ボイド] 19:16〜19:26 生活環境や身内に目が向かう。原点回帰。 ◆太陽が「ギフト」のハウスへ。1年のサイクルの中で経済的授受のバランスを見直すとき。
23	月	家の日 「普段の生活」が充実。身内との関係強化。環境改善ができる。 ◆金星が「旅」のハウスへ。楽しい旅の始まり、旅の仲間。研究の果実。距離を越える愛。
24	火	家の日 ▶ 愛の日 [ボイド] 21:01〜23:52 愛の追い風が吹く。好きなことができる。
25	水	❶愛の日 愛について嬉しいことがある。子育て、趣味、創作にも追い風が。
26	木	愛の日 愛について嬉しいことがある。子育て、趣味、創作にも追い風が。 ◆水星が「ギフト」のハウスへ。利害のマネジメント。コンサルテーション。カウンセリング。
27	金	愛の日 ▶ メンテナンスの日 [ボイド] 07:14〜07:49 「やりたいこと」から「やるべきこと」へのシフト。
28	土	メンテナンスの日 生活や心身の故障部分を修理できる。ケアしたり、されたり。
29	日	メンテナンスの日 ▶ 人に会う日 [ボイド] 12:37〜18:43 「自分の世界」から「外界」へ出るような節目。
30	月	人に会う日 人に会ったり、会う約束をしたりする日。出会いの気配も。

10 ・OCTOBER・

1 火
人に会う日
人に会ったり、会う約束をしたりする日。出会いの気配も。

2 水
人に会う日 ▶ プレゼントの日 　　　　　　　　　　　　[ボイド] 06:41〜07:21
他者との関係に、さらに一歩踏み込めるように。

3 木
●プレゼントの日
人から貴重なものを受け取れる。提案を受ける場面も。
☽「ギフト」のハウスで日食。誰かとの協力関係が、少々神秘的な形でスタートする。

4 金
プレゼントの日 ▶ 旅の日 　　　　　　　　　　　　　　[ボイド] 19:42〜20:24
遠い場所との間に、橋が架かり始める。

5 土
旅の日
遠出したり、遠くから人が訪ねてくれたりする日。発信力も増す。

6 日
旅の日
遠出したり、遠くから人が訪ねてくれたりする日。発信力も増す。

7 月
旅の日 ▶ 達成の日 　　　　　　　　　　　　　　　　[ボイド] 07:54〜08:36
意欲が湧く。はっきりした成果が出る時間へ。

8 火
達成の日
目標に手が届く。結果が出る日。人から認められる場面も。

9 水
達成の日 ▶ 友だちの日 　　　　　　　　　　　　　　[ボイド] 14:55〜18:40
肩の力が抜け、伸びやかな気持ちになれる。
◆木星が「家」のハウスで逆行開始。「居場所・自分の世界の構築」作業が熟成期へ。

10 木
友だちの日
未来のプランを立てる。友だちと過ごせる。チームワーク。

11 金
◑友だちの日
未来のプランを立てる。友だちと過ごせる。チームワーク。

12 土
友だちの日 ▶ ひみつの日 　　　　　　　　　　　　　[ボイド] 00:55〜01:33
ざわめきから少し離れたくなる。自分の時間。
◆冥王星が「夢と友」のハウスで順行へ。夢や希望のポテンシャルを掘り下げる作業の再開。

13 日
　　　　　　　　　　　　　　　　　　　　　　　　　[ボイド] 23:12〜
ひみつの日
一人の時間。過去を振り返り、戦略を練る。自分を大事にする。

14 月
ひみつの日 ▶ スタートの日 　　　　　　　　　　　　[ボイド] 〜04:57
新しいことを始めやすい時間に切り替わる。
◆水星が「旅」のハウスへ。軽やかな旅立ち。勉強や研究に追い風が。導き手に恵まれる。

15 火
スタートの日
主役の意識で動く。新しい選択肢を選べる。気持ちが切り替わる。

16 水 スタートの日 ▶ お金の日 [ボイド] 05:02〜05:36
物質面・経済活動が活性化する時間に入る。

17 木 ○お金の日
いわゆる「金運がいい」日。実入りが良く、いい買い物もできそう。
☽「生産」のハウスで満月。経済的・物質的な努力が実り、収穫が
得られる。豊かさ、満足。

18 金 お金の日 ▶ メッセージの日 [ボイド] 04:28〜05:01
「動き」が出てくる。コミュニケーションの活性。
◆金星が「目標と結果」のハウスへ。目標達成と勲章。気軽に掴め
るチャンス。嬉しい配役。

19 土 メッセージの日
待っていた朗報が届く。勉強が捗る。外に出たくなる日。

20 日 メッセージの日 ▶ 家の日 [ボイド] 04:35〜05:09
生活環境や身内に目が向かう。原点回帰。

21 月 家の日
「普段の生活」が充実。身内との関係強化。環境改善ができる。

22 火 家の日 ▶ 愛の日 [ボイド] 06:02〜07:51
愛の追い風が吹く。好きなことができる。

23 水 愛の日
愛について嬉しいことがある。子育て、趣味、創作にも追い風が。
◆太陽が「旅」のハウスへ。1年のサイクルの中で「精神的成長」を
確認するとき。

24 木 ☽愛の日 ▶ メンテナンスの日 [ボイド] 13:49〜14:26
「やりたいこと」から「やるべきこと」へのシフト。

25 金 メンテナンスの日
生活や心身の故障部分を修理できる。ケアしたり、されたり。

26 土 メンテナンスの日 [ボイド] 17:05〜
生活や心身の故障部分を修理できる。ケアしたり、されたり。

27 日 メンテナンスの日 ▶ 人に会う日 [ボイド] 〜00:49
「自分の世界」から「外界」へ出るような節目。

28 月 人に会う日
人に会ったり、会う約束をしたりする日。出会いの気配も。

29 火 人に会う日 ▶ プレゼントの日 [ボイド] 12:56〜13:31
他者との関係に、さらに一歩踏み込めるように。

30 水 プレゼントの日
人から貴重なものを受け取れる。提案を受ける場面も。

31 木 プレゼントの日
人から貴重なものを受け取れる。提案を受ける場面も。

11 ·NOVEMBER·

1 金
●プレゼントの日 ▶ 旅の日　　　　　　　　　　　[ボイド] 01:59～02:31
遠い場所との間に、橋が架かり始める。
☽「旅」のハウスで新月。旅に出発する。専門分野を開拓し始める。
矢文を放つ。

2 土
旅の日
遠出したり、遠くから人が訪ねてくれたりする日。発信力も増す。

3 日
旅の日 ▶ 達成の日　　　　　　　　　　　　　[ボイド] 13:53～14:21
意欲が湧く。はっきりした成果が出る時間へ。
◆水星が「目標と結果」のハウスへ。ここから忙しくなる。新しい課
題、ミッション、使命。

4 月
達成の日
目標に手が届く。結果が出る日。人から認められる場面も。
◆火星が「任務」のハウスへ。多忙期へ。長く走り続けるための必
要条件を、戦って勝ち取る。

5 火
達成の日　　　　　　　　　　　　　　　　　　[ボイド] 19:25～
目標に手が届く。結果が出る日。人から認められる場面も。

6 水
達成の日 ▶ 友だちの日　　　　　　　　　　　　[ボイド] ～00:19
肩の力が抜け、伸びやかな気持ちになれる。

7 木
友だちの日
未来のプランを立てる。友だちと過ごせる。チームワーク。

8 金
友だちの日 ▶ ひみつの日　　　　　　　　　　[ボイド] 07:39～07:59
ざわめきから少し離れたくなる。自分の時間。

9 土
◐ひみつの日
一人の時間。過去を振り返り、戦略を練る。自分を大事にする。

10 日
ひみつの日 ▶ スタートの日　　　　　　　　　[ボイド] 09:25～13:02
新しいことを始めやすい時間に切り替わる。

11 月
スタートの日
主役の意識で動く。新しい選択肢を選べる。気持ちが切り替わる。

12 火
スタートの日 ▶ お金の日　　　　　　　　　　[ボイド] 15:15～15:27
物質面・経済活動が活性化する時間に入る。
◆金星が「夢と友」のハウスへ。友や仲間との交流が華やかに。「恵
み」を受け取れる。

13 水
お金の日
いわゆる「金運がいい」日。実入りが良く、いい買い物もできそう。

14 木
お金の日 ▶ メッセージの日　　　　　　　　　[ボイド] 15:52～16:01
「動き」が出てくる。コミュニケーションの活性。

15 金
メッセージの日
待っていた朗報が届く。勉強が捗る。外に出たくなる日。
◆土星が「自分」のハウスで順行へ。長期的な目的意識が定まり、
責任に前向きになれる。

16 土 　〇メッセージの日 ▶ 家の日　　　　　　　　　　　　　［ボイド］16:04〜16:10
生活環境や身内に目が向かう。原点回帰。
☽「コミュニケーション」のハウスで満月。重ねてきた勉強や対話が実を結ぶとき。意思疎通が叶う。

17 日 　家の日
「普段の生活」が充実。身内との関係強化。環境改善ができる。

18 月 　家の日 ▶ 愛の日　　　　　　　　　　　　　　　　　［ボイド］13:10〜17:51
愛の追い風が吹く。好きなことができる。

19 火 　愛の日
愛について嬉しいことがある。子育て、趣味、創作にも追い風が。

20 水 　愛の日 ▶ メンテナンスの日　　　　　　　　　　　　［ボイド］20:22〜22:53
「やりたいこと」から「やるべきこと」へのシフト。
◆冥王星が「ひみつ」のハウスへ。ここから2043年頃にかけ、深い精神的変容を遂げることになる。

21 木 　メンテナンスの日
生活や心身の故障部分を修理できる。ケアしたり、されたり。

22 金 　メンテナンスの日　　　　　　　　　　　　　　　　　［ボイド］22:16〜
生活や心身の故障部分を修理できる。ケアしたり、されたり。
◆太陽が「目標と結果」のハウスへ。1年のサイクルの中で「目標と達成」を確認するとき。

23 土 　◑メンテナンスの日 ▶ 人に会う日　　　　　　　　　　［ボイド］〜08:03
「自分の世界」から「外界」へ出るような節目。

24 日 　人に会う日
人に会ったり、会う約束をしたりする日。出会いの気配も。

25 月 　人に会う日 ▶ プレゼントの日　　　　　　　　　　　　［ボイド］14:37〜20:21
他者との関係に、さらに一歩踏み込めるように。

26 火 　プレゼントの日
人から貴重なものを受け取れる。提案を受ける場面も。
◆水星が「目標と結果」のハウスで逆行開始。仕事や対外的な活動における「見直し」期間へ。

27 水 　プレゼントの日　　　　　　　　　　　　　　　　　　［ボイド］18:16〜
人から貴重なものを受け取れる。提案を受ける場面も。

28 木 　プレゼントの日 ▶ 旅の日　　　　　　　　　　　　　　［ボイド］〜09:42
遠い場所との間に、橋が架かり始める。

29 金 　旅の日
遠出したり、遠くから人が訪ねてくれたりする日。発信力も増す。

30 土 　旅の日 ▶ 達成の日　　　　　　　　　　　　　　　　　［ボイド］15:21〜20:55
意欲が湧く。はっきりした成果が出る時間へ。

12 ・DECEMBER・

1 日	● 達成の日 目標に手が届く。結果が出る日。人から認められる場面も。 🌙「目標と結果」のハウスで新月。新しいミッションがスタートするとき。目的意識が定まる。	
2 月	達成の日 目標に手が届く。結果が出る日。人から認められる場面も。	
3 火	達成の日 ▶ 友だちの日 [ボイド] 00:49～06:11 肩の力が抜け、伸びやかな気持ちになれる。	
4 水	友だちの日 未来のプランを立てる。友だちと過ごせる。チームワーク。	
5 木	友だちの日 ▶ ひみつの日 [ボイド] 08:36～13:23 ざわめきから少し離れたくなる。自分の時間。	
6 金	ひみつの日 一人の時間。過去を振り返り、戦略を練る。自分を大事にする。	
7 土	ひみつの日 ▶ スタートの日 [ボイド] 09:03～18:51 新しいことを始めやすい時間に切り替わる。 ◆火星が「任務」のハウスで逆行開始。問題点を過去に遡って検討できる。戦術の再検討。◆金星が「ひみつ」のハウスへ。これ以降、純粋な愛情から行動できる。一人の時間の充実も。	
8 日	スタートの日 主役の意識で動く。新しい選択肢を選べる。気持ちが切り替わる。 ◆海王星が「自分」のハウスで順行へ。心に不思議な光が満ちる。前に進む自信が出てくる。	
9 月	◐ スタートの日 ▶ お金の日 [ボイド] 17:46～22:39 物質面・経済活動が活性化する時間に入る。	
10 火	お金の日 いわゆる「金運がいい」日。実入りが良く、いい買い物もできそう。	
11 水	お金の日 [ボイド] 07:15～ いわゆる「金運がいい」日。実入りが良く、いい買い物もできそう。	
12 木	お金の日 ▶ メッセージの日 [ボイド] ～00:57 「動き」が出てくる。コミュニケーションの活性。	
13 金	メッセージの日 [ボイド] 21:41～ 待っていた朗報が届く。勉強が捗る。外に出たくなる日。	
14 土	メッセージの日 ▶ 家の日 [ボイド] ～02:23 生活環境や身内に目が向かう。原点回帰。	
15 日	○ 家の日 [ボイド] 23:33～ 「普段の生活」が充実。身内との関係強化。環境改善ができる。 🌙「家」のハウスで満月。居場所が「定まる」。身近な人との間で「心満ちる」とき。	

16	月	家の日 ▶ 愛の日	[ボイド] 〜04:23

16 月　家の日 ▶ 愛の日　　　　　　　　　　　　　　　　[ボイド] 〜04:23
愛の追い風が吹く。好きなことができる。
◆水星が「目標と結果」のハウスで順行へ。仕事や対外的活動に関する足止めが解除される。

17 火　愛の日
愛について嬉しいことがある。子育て、趣味、創作にも追い風が。

18 水　愛の日 ▶ メンテナンスの日　　　　　　　　　　[ボイド] 03:35〜08:41
「やりたいこと」から「やるべきこと」へのシフト。

19 木　メンテナンスの日
生活や心身の故障部分を修理できる。ケアしたり、されたり。

20 金　メンテナンスの日 ▶ 人に会う日　　　　　[ボイド] 14:21〜16:39
「自分の世界」から「外界」へ出るような節目。

21 土　人に会う日
人に会ったり、会う約束をしたりする日。出会いの気配も。
◆太陽が「夢と友」のハウスへ。1年のサイクルの中で「友」「未来」に目を向ける季節へ。

22 日　人に会う日　　　　　　　　　　　　　　　　　　[ボイド] 22:29〜
人に会ったり、会う約束をしたりする日。出会いの気配も。

23 月　●人に会う日 ▶ プレゼントの日　　　　　　　　　[ボイド] 〜04:09
他者との関係に、さらに一歩踏み込めるように。

24 火　プレゼントの日　　　　　　　　　　　　　　　　[ボイド] 19:46〜
人から貴重なものを受け取れる。提案を受ける場面も。

25 水　プレゼントの日 ▶ 旅の日　　　　　　　　　　　　[ボイド] 〜17:08
遠い場所との間に、橋が架かり始める。

26 木　旅の日
遠出したり、遠くから人が訪ねてくれたりする日。発信力も増す。

27 金　旅の日　　　　　　　　　　　　　　　　　　　　[ボイド] 23:26〜
遠出したり、遠くから人が訪ねてくれたりする日。発信力も増す。

28 土　旅の日 ▶ 達成の日　　　　　　　　　　　　　　　[ボイド] 〜04:48
意欲が湧く。はっきりした成果が出る時間へ。

29 日　達成の日
目標に手が届く。結果が出る日。人から認められる場面も。

30 月　達成の日 ▶ 友だちの日　　　　　　　　　[ボイド] 08:36〜13:39
肩の力が抜け、伸びやかな気持になれる。

31 火　●友だちの日
未来のプランを立てる。友だちと過ごせる。チームワーク。
☽「夢と友」のハウスで新月。新しい仲間や友に出会えるとき。夢が生まれる。迷いが晴れる。

参考　カレンダー解説の文字・線の色

あなたの星座にとって星の動きがどんな意味を
持つか、わかりやすくカレンダーに書き込んで
みたのが、P.89からの「カレンダー解説」です。
色分けは厳密なものではありませんが、だいた
い以下のようなイメージで分けられています。

—— 赤色
インパクトの強い出来事、意欲や情熱、
パワーが必要な場面。

—— 水色
ビジネスや勉強、コミュニケーションなど、
知的な活動に関すること。

—— 紺色
重要なこと、長期的に大きな意味のある変化。
精神的な変化、健康や心のケアに関すること。

—— 緑色
居場所、家族に関すること。

—— ピンク色
愛や人間関係に関すること。嬉しいこと。

—— オレンジ色
経済活動、お金に関すること。

魚座 2024年の
カレンダー解説

● 解説の文字・線の色のイメージは P.88 をご参照下さい ●

1 ·JANUARY·

mon	tue	wed	thu	fri	sat	sun
1	2	3	4	5	6	7
8	9	10	11	12	13	14
15	16	17	18	19	20	(21)
22	23	24	25	26	27	28
29	30	31				

2023/11/24–1/23　仕事や対外的な活動における「勝負」の時間。ガンガン挑戦して結果を出せる。外に出て闘える時。キラキラのチャンスを掴んで、一気にステップアップできる。

1/14–2/17　交友関係が一気に膨らむ。人気が出る。嬉しいことがたくさん起こる時。未来に向けて熱いプランを立てる時。貪欲に夢を追える。

1/21　自分の世界に入る時間が増えるかも。第三者の目に触れないところでやりたいことが出てくる。熱い「仕込み」のプロセスが始まる。

2 ·FEBRUARY·

mon	tue	wed	thu	fri	sat	sun
			1	2	3	4
5	6	7	8	9	10	11
12	13	14	15	16	17	18
19	20	21	22	23	(24)	25
26	27	28	29			

2/24　人間関係が大きく進展する。誰かとの関係が深く、強くなる。交渉事がまとまる。相談の結論が出る。大事な約束を交わす人も。

3 ·MARCH·

mon	tue	wed	thu	fri	sat	sun
				1	2	3
4	5	6	7	8	9	⑩
11	12	13	14	15	16	17
18	19	20	21	22	23	24
㉕	26	27	28	29	30	31

4 ·APRIL·

mon	tue	wed	thu	fri	sat	sun
1	2	3	4	5	6	7
8	⑨	10	11	12	13	14
15	16	17	18	19	20	21
22	23	24	25	26	27	28
29	30					

3/10 特別なスタートライン。新しいことを始められる。目新しいことが起こる。素敵な節目。

3/12–4/5 キラキラ輝くような、楽しい時間。愛にも強い光が射し込む。より魅力的に「変身」する人も。

3/23–5/1 勝負の時。ガンガンチャレンジできる。自分から何か新しいことを起ち上げる人も。自分自身との闘いに勝てる。

3/25 びっくりするようなものを贈られるかも。経済的な問題を抱えている人は、この日の前後に問題が解決に向かうかも。

4/2–4/25 お金やモノに関して「戻ってくる」ものがある。失せ物が出てくる。損失を取り返せる。経済活動にまつわる混乱は、時間が解決してくれる。「棚卸し」のような作業も。

4/9 経済活動において、突然の想定外な進展があるかも。意外なものが手に入るとか。面白いアイテムの発見。臨時収入の気配も。

5 ·MAY·

mon	tue	wed	thu	fri	sat	sun
		1	2	3	4	5
6	7	8	9	10	11	12
13	14	15	16	17	18	19
20	21	22	23	24	25	26
27	28	29	30	31		

6 ·JUNE·

mon	tue	wed	thu	fri	sat	sun
					1	2
3	4	5	6	7	8	9
10	11	12	13	14	15	16
17	18	19	20	21	22	23
24	25	26	27	28	29	30

5/1–6/9 熱い経済活動の時間。精力的に稼ぎ、欲しいものを手に入れられる。お金が大きく動く時。

5/23 大きな目標を達成できる。仕事や対外的な活動で大きな成果を挙げられる。

5/26 「居場所を作る」時間へ。引っ越しや家族構成の変化など、暮らしを包む環境がガラッと変わる。理想の居場所を構築できる。新たに家族を得る人も。「住処・家庭を作る」ことが一つのテーマとなる。

5/24–6/17 家族や住処について、大きな計画が起ち上がるかも。居場所がにぎやかになる。家族や身内と「会議」を開くような場面も。

6/17–7/12 愛のドラマがダイナミックに展開する。クリエイティブな活動にも大チャンスが訪れる。遊びや趣味、子育てなどにも追い風が吹く、とても楽しい時間。

7 ·JULY·

mon	tue	wed	thu	fri	sat	sun
1	②	3	4	5	⑥	7
8	9	10	11	12	13	14
15	16	17	18	19	20	21
22	23	24	25	26	27	28
29	30	31				

8 ·AUGUST·

mon	tue	wed	thu	fri	sat	sun
				1	2	3	4
5	6	7	8	9	10	11
12	13	14	15	16	17	18
19	20	21	22	23	24	25
26	27	28	29	30	31	

7/2-9/9　何でもアリの多忙期。依頼や相談が集まってくる。時間をかけて人を世話したり、ケアしたりできる。逆に、自分自身がケアやサポートを受ける人も。助け合える。

7/6　「愛が満ちる・実る」時。クリエイティブな活動において、大きな成果を挙げる人も。

7/21-9/5　「居場所が動く」時。引っ越しや模様替え、家族構成の変化などが起こるかも。家族や住処のために大奮闘し、生活が一変する。身近な人としっかり向き合い、思いをぶつけ合える。「膿を出してスッキリする」ような試みも。

8/5-8/29　誰かがふり向いてくれるかも。人のために立ち止まる時、または、誰かが自分のために立ち止まって時間を割いてくれる時。

9 • SEPTEMBER •

mon	tue	wed	thu	fri	sat	sun
						1
2	③	4	5	6	7	8
9	10	11	12	13	14	15
16	17	⑱	19	20	21	22
23	24	25	26	27	28	29
30						

9/3　素敵な出会いの時。パートナーとの関係に新鮮な風が流れ込む。対話や交渉が始まる。

9/18　特別な星の時間。ずっと頑張ってきたことが認められる。迷走してきたことが着地する。意外な出会いがある。縁が結ばれる。

9/23–11/3　熱い上昇気流に乗れる。情熱的に動き、行動範囲が一気に広がる。この時期はスムーズさや安定感はないけれど、「終わってみれば大成功」の時。小さなことにこだわらず、とにかく前進を。

10 • OCTOBER •

mon	tue	wed	thu	fri	sat	sun
		1	2	③	4	5	6
7	8	9	10	11	12	13
14	15	16	17	18	19	20
21	22	23	24	25	26	27
28	29	30	31			

10/3　人との距離が縮まる。踏み込んだ関わりが生じる。パートナーや関係者の経済的問題が解決に向かう。突然のギフト。

10/18–11/12　キラキラしたチャンスが巡ってくる。人から褒められる場面が増える。日々の活動がとても楽しくなる。

11 ·NOVEMBER·

mon	tue	wed	thu	fri	sat	sun
				①	2	3
4	5	6	7	8	9	10
11	12	13	14	15	16	17
18	19	⑳	21	22	23	24
25	26	27	28	29	30	

12 ·DECEMBER·

mon	tue	wed	thu	fri	sat	sun
						1
2	3	4	5	6	7	8
9	10	11	12	13	14	⑮
16	17	18	19	20	21	22
23	24	25	26	27	28	29
30	㉛					

11/1 新しいミッションが始まる。とてもフレッシュなタイミング。新しい目標を掲げ、行動を起こす人も。

11/20 ここから2043年にかけて、「自分の時間」がとても重要になる。第三者には見えないところで、生まれ変わるような試みができる。過去に失われたものを、徹底的に取り戻せる。誰に見せるためでもない、自分自身の野心を生きられる時。

11/26–12/16 仕事や対外的な活動の場で、「立ち止まって振り返る」作業が発生する。やり直しや見直しから多くを得られる時。混乱や停滞があっても、時間が解決してくれる。

12/15 居場所や家族に関して、嬉しいことが起こりそう。身近な人への働きかけが実を結ぶ。「根を下ろす」実感。

12/31 新しい夢に出会える。新しい友に出会える。希望が湧いてくる時。

2024年のプチ占い（天秤座〜魚座）

天秤座（9/24-10/23生まれ）

出会いとギフトの年。自分では決して出会えないようなものを、色々な人から手渡される。チャンスを作ってもらえたり、素敵な人と繋げてもらえたりするかも。年の後半は大冒険と学びの時間に入る。

蠍座（10/24-11/22生まれ）

パートナーシップと人間関係の年。普段関わるメンバーが一変したり、他者との関わり方が大きく変わったりする。人と会う機会が増える。素晴らしい出会いに恵まれる。人から受け取るものが多い年。

射手座（11/23-12/21生まれ）

働き方や暮らし方を大きく変えることになるかも。健康上の問題を抱えていた人は、心身のコンディションが好転する可能性が。年の半ば以降は、出会いと関わりの時間に入る。パートナーを得る人も。

山羊座（12/22-1/20生まれ）

2008年頃からの「魔法」が解けるかも。執着やこだわり、妄念から解き放たれる。深い心の自由を得られる。年の前半は素晴らしい愛と創造の季節。楽しいことが目白押し。後半は新たな役割を得る人も。

水瓶座（1/21-2/19生まれ）

野心に火がつく。どうしても成し遂げたいことに出会えるかも。自分を縛ってきた鎖を粉砕するような試みができる。年の前半は新たな居場所を見つけられるかも。後半はキラキラの愛と創造の時間へ。

魚座（2/20-3/20生まれ）

コツコツ続けてきたことが、だんだんと形になる。理解者に恵まれ、あちこちから意外な助け船を出してもらえる年。年の半ばから約1年の中で、新しい家族が増えたり、新たな住処を見つけたりできる。

（※牡羊座〜乙女座はP.30）

星のサイクル
海王星

✳️ 海王星のサイクル

　現在魚座に滞在中の海王星は、2025年3月に牡羊座
へと移動を開始し、2026年1月に移動を完了します。
つまり今、私たちは2012年頃からの「魚座海王星時
代」を後にし、新しい「牡羊座海王星時代」を目前に
しているのです。海王星のサイクルは約165年ですか
ら、一つの星座の海王星を体験できるのはいずれも、一
生に一度です。海王星は幻想、理想、夢、無意識、音
楽、映像、海、オイル、匂いなど、目に見えないもの、
手で触れないものに関係の深い星です。現実と理想、事
実と想像、生と死を、私たちは生活の中で厳密に分け
ていますが、たとえば詩や映画、音楽などの世界では、
その境界線は極めて曖昧になります。さらに、日々の
生活の中でもごくマレに、両者の境界線が消える瞬間
があります。その時私たちは、人生の非常に重要な、あ
る意味危険な転機を迎えます。「精神のイニシエーショ
ン」をしばしば、私たちは海王星とともに過ごすので
す。以下、来年からの新しい「牡羊座海王星時代」を、
少し先取りして考えてみたいと思います。

◆○○○◆○○○◆○○○◆○○○◆○○○◆○○○◆○○○◆○○○◆○○○◆○○○◆○○○◆○○○◆○○○◆○○○◆○○

海王星のサイクル年表（詳しくは次のページへ）

時　期	魚座のあなたにとってのテーマ
1928年 - 1943年	「他者との関わり」という救い
1942年 - 1957年	経済活動が「大きく回る」時
1955年 - 1970年	精神の学び
1970年 - 1984年	人生の、真の精神的目的
1984年 - 1998年	できるだけ美しい夢を描く
1998年 - 2012年	大スケールの「救い」のプロセス
2011年 - 2026年	コントロール不能な、精神的成長の過程
2025年 - 2039年	魂とお金の関係
2038年 - 2052年	価値観、世界観の精神的アップデート
2051年 - 2066年	居場所、水、清らかな感情
2065年 - 2079年	愛の救い、愛の夢
2078年 - 2093年	心の生活、セルフケアの重要性

※時期について／海王星は順行・逆行を繰り返すため、星座の境界線を
何度か往復してから移動を完了する。上記の表で、開始時は最初の移動の
タイミング、終了時は移動完了のタイミング。

◆○○○◆○○○◆○○○◆○○○◆○○○◆○○○◆○○○◆○○○◆○○○◆○○○◆○○○◆○○○◆○○○◆○○○◆○○

◆ **1928-1943年 「他者との関わり」という救い**

人から精神的な影響を受ける時期です。一対一での他者との関わりの中で、自分の考え方や価値観の独特な癖に気づかされ、さらに「救い」を得られます。相手が特に「救おう」というつもりがなくとも、その関係の深まり自体が救いとなるのです。人生を変えるような、大きな心の結びつきを紡ぐ時間です。

◆ **1942-1957年　経済活動が「大きく回る」時**

「人のために、自分の持つ力を用いる」という意識を持つことと、「自分ではどうにもできないこと」をありのままに受け止めること。この二つのスタンスが、あなたを取り巻く経済活動を大きく活性化させます。無欲になればなるほど豊かさが増し、生活の流れが良くなるのです。性愛の夢を生きる人も。

◆ **1955-1970年　精神の学び**

ここでの学びの目的は単に知識を得ることではなく、学びを通した精神的成長です。学びのプロセスは言わば「手段」です。「そんなことを学んで、なんの役に立つの？」と聞かれ、うまく答えられないようなことこそが、この時期真に学ぶべきテーマだからです。学びを通して、救いを得る人もいるはずです。

◆ **1970-1984年　人生の、真の精神的目的**

仕事で大成功して「これはお金のためにやったのではない」と言う人がいます。「では、なんのためなのか」は、その人の精神に、答えがあります。この時期、あなたは自分の人生において真に目指せるものに出会うでしょう。あるいは、多くの人から賞賛されるような「名誉」を手にする人もいるはずです。

◆ 1984-1998年 できるだけ美しい夢を描く

人生で一番美しく、大きく、素敵な夢を描ける時です。その夢が実現するかどうかより、できるだけ素晴らしい夢を描くということ自体が重要です。夢を見たことがある人と、そうでない人では、人生観も大きく異なるからです。大きな夢を描き、希望を抱くことで、人生で最も大切な何かを手に入れられます。

◆ 1998-2012年 大スケールの「救い」のプロセス

あなたにとって「究極の望み」「一番最後の望み」があるとしたら、どんな望みでしょうか。「一つだけ願いを叶えてあげるよ」と言われたら、何を望むか。この命題に、新しい答えを見つけられます。「一つだけ叶う願い」は、あなたの心の救いとなり、さらに、あなたの大切な人を救う原動力ともなります。

◆ 2011-2026年 コントロール不能な、精神的成長の過程

「自分」が靄（もや）に包まれたように見えなくなり、アイデンティティを見失うことがあるかもしれません。意識的なコントロールや努力を離れたところで、人生の神髄に触れ、精神的な成長が深まります。この時期を終える頃、決して衰えることも傷つくこともない、素晴らしい人間的魅力が備わります。

◆ 2025-2039年 魂とお金の関係

経済活動は「計算」が基本です。ですがこの時期は不思議と「計算が合わない」傾向があります。世の経済活動の多くは、実際には「割り切れないこと」だらけです。こうした「1＋1＝2」にならない経済活動の秘密を見つめるための「心の力」が成長する時期です。魂とお金の関係の再構築が進みます。

◆ 2038-2052年　価値観、世界観の精神的アップデート
誰もが自分のイマジネーションの世界を生きています。どんなに「目の前の現実」を生きているつもりでも、自分自身の思い込み、すなわち「世界観」の外には、出られないのです。そうした「世界観」の柱となるのが、価値観や思想です。そうした世界観、枠組みに、大スケールのアップデートが起こります。

◆ 2051-2066年　居場所、水、清らかな感情
心の風景と実際の生活の場の風景を、時間をかけて「洗い上げる」ような時間です。家族や「身内」と呼べる人たちとの深い心の交流が生まれます。居場所や家族との関係の変容がそのまま、精神的成長に繋がります。物理的な居場所のメンテナンスが必要になる場合も。特に水回りの整備が重要な時です。

◆ 2065-2079年　愛の救い、愛の夢
感受性がゆたかさを増し、才能と個性が外界に向かって大きく開かれて、素晴らしい創造性を発揮できる時です。人の心を揺さぶるもの、人を救うものなどを、あなたの活動によって生み出せます。誰もが心の中になんらかの痛みや傷を抱いていますが、そうした傷を愛の体験を通して「癒し合える」時です。

◆ 2078-2093年　心の生活、セルフケアの重要性
できる限りワガママに「自分にとっての、真に理想と言える生活のしかた」を作ってゆく必要があります。自分の精神や「魂」が心底求めている暮らし方を、時間をかけて創造できます。もっともらしい精神論に惑わされて自分を見失わないで。他者にするのと同じくらい、自分自身をケアしたい時です。

◆◇○○◆◇○○◆◇○○◆◇○○◆◇○○◆◇○○◆◇○○◆◇○○◆◇○○◆◇○○◆◇○○◆◇○○

〜先取り！2025年からのあなたの「海王星時代」〜
魂とお金の関係

　経済活動は「計算」が基本です。ですがこの時期は不思議と「計算が合わない」「計算できない」傾向があります。たとえば、親が子育てに費やすお金と、子供が親の介護にかける費用とで、ぴったり収支が合うわけもありません。世の経済活動の多くは、実際には「割り切れないこと」だらけなのです。人間としての心の力が大きくなればなるほど、こうした「1＋1＝2」にならない経済活動の秘密が見えてきます。この時期は、そのような広い意味での「経済力」が成長する時と言えます。投下したパワーに対して、得るものが少なすぎるように感じられることがあるでしょう。一方、簡単な仕事でびっくりするほどたくさんもらえることもあるかもしれません。中には「何もせず、受け取るだけ」の場合もあるでしょう。でも、それを手渡してくれる相手は、あなたが受け取っていることで、とても幸福になれるのです。この時期の経済活動はとらえどころがありませんが、その「とらえどころのなさ」の中に、お金の流れの秘密が潜んでいます。

◆◇○○◆◇○○◆◇○○◆◇○○◆◇○○◆◇○○◆◇○○◆◇○○◆◇○○◆◇○○◆◇○○◆◇○○

◆◇◇◇◆◇◇◇◆◇◇◇◆◇◇◇◆◇◇◇◆◇◇◇◆◇◇◇◆◇◇◇◆◇◇◇◆◇◇◇◆◇◇

　世の中には、貧乏でも平気な人もいれば、いくら持っていても不安でたまらない人もいます。たくさんお金があるのにそれを使うことを極度に恐れている人もいれば、「お金がない」といつも不安を口にしながら、無駄遣いを重ねている人もいます。私たちは、自分のお金の使い方も、きちんとは自覚できていないもののようです。「危機管理」「未来予測」などは、「疑心暗鬼」「被害妄想」「過剰な悲観」などと背中合わせです。この時期はそうした不安と闘う必要が出てくるかもしれません。摂食障害や買い物依存、ギャンブル依存、アルコールの問題など、食べることや身体性、お金の使い方に関する問題が発生するかもしれません。この場合は、「心が満たされず、乾き続けている」という問題に、時間をかけて向き合うことになるでしょう。依存と対決するのは非常に難しいことで、一朝一夕には答えが出ませんし、「完全に治った！」とは言えない場合も多々あります。それでも、自分自身の心の問題と向き合い続けようという姿勢を持ち続けること自体が、出口への道となることは確かです。この時期が終わる頃「自然に治る」ケースは珍しくありません。

◆◇◇◇◆◇◇◇◆◇◇◇◆◇◇◇◆◇◇◇◆◇◇◇◆◇◇◇◆◇◇◇◆◇◇◇◆◇◇◇◆◇◇

12星座プロフィール

魚座のプロフィール
透明な心の星座

I believe.

(キャラクター)

◆ 変幻自在の星座

　「魚座の人は、こんな人です」と言うのは、非常に難しいことです。なぜなら、魚座の人々はいかなる型にもはまることがないからです。ストイックな人もいれば、怠惰な人もいます。神経質な人もいれば、おおざっぱな人もいます。手厳しく辛辣な人もいれば、甘く優しい人もいます。厄介なのは、さらにそうした性質が、場によって変化したり、突然変身したように人が変わったりと、「固定的でない」ことなのです。

　とはいえ、これは魚座の人が「頼りにならない人々である」という意味ではありません。魚座の人が変幻自在なのは、どんな型にもこだわることなく、常にそのとき最も良いと思えることに、ごく純粋に向かっていくからです。他の人なら「変わるのが怖い」「過去の自分を否定するのはプライドに関わる」と思うような場面でも、魚座の人はそんなことは気にせず、すらりと新しい自分に生まれ変わっていけます。

◆ 境界線が「無効」になる世界

　世の中には様々な「境界線」が引かれています。たとえば、学校ではクラスや学年、専攻などが分かれます。地面も国境や県境など幾多の線で細かく切り分けられています。文化や人種、言葉、経済格差など、数え上げればキリがないほど、私たちは目に見えない境界線で分断された世界で暮らしています。魚座の人々にはしかし、そうした境界線が、生まれつき「見えていない」ようなところがあります。あるいは、魚座の人々の心は一次元多い世界に棲んでいて、二次元世界の人から見ると、三次元世界の人々が「ワープ」するように感じられるだろう、ということと同じように、この世の境界線をひょいひょいと飛び越えてしまうことができるのです。権威あるものとそうでないもの、聖なるものと俗なるもの、清らかなものと汚れたもの、社会の「上」と「下」。価値やパワーのシステムを、魚座の人々は敏感に感じ取りながらも、決してそれに縛られません。上にも下にも、右にも左にも、過去にも未来にも、敵にも味方にも、縦横無尽に動きながら決してどこかに「染まって」しまうことがないのが魚座の世界なのです。

◆ 海のように深い心

　魚座は感情の星座です。でも、魚座の「感情」は、波打

ち際でチャプチャプと忙しく音を立てるような、浅い感情ではありません。魚座の「感情」は、いわば海洋深層水のように深いのです。海の底では、波も非常に穏やかで、潮の流れもゆったりとしています。実際、「感情の星座」でありながら、魚座の人の感情は、あまり表情に表れないことも多いようです。今どう思っているのか、何を感じているのか、魚座の人は穏やかな微笑で隠しています。ですが時々、その深い海のような感情の偉大な威力が、周囲をほとんど「押し流して」しまうことも珍しくないのです。

◆「心」の可能性

　「悟り」や「救済」といったイメージのように、多くの宗教では、人間精神がある高みに達した状態が描写されることがあります。宗教の世界にとどまらず、私たちの「心」や「魂」は、ある種の訓練や試練、経験を経た上で、幼い状態から非常に高度な状態へと成長していける、というイメージを、多くの人が信じています。では、精神が未来に大きく成長を遂げたら、どうなり得るのか。それを担当しているのが、実は、魚座の世界と言えます。ゆえに、魚座の世界について言語化することは非常に難しく思われます。私たちの「心」の可能性がどのようなものなのか、最も低く同時に最も高い場所から、私たちを静かに誘っているの

が、魚座の内包している、ひとつの「秘密」なのかもしれ
ません。

支配星・神話

◆ 海王星

　魚座を支配する星は、海王星・ネプチューンで、ギリシ
ャ神話ではポセイドンです。「海の王」に守られた魚座は、
まさに海のように広い心と、「謎」を秘めた星座です。ちな
みに、愛と美の女神アプロディテは海の泡から生まれた、と
いう伝説があり、これも魚座と関係の深い神様です。

◆ 魚座の神話

　天界での神々の酒席に、突然、怪物テュポーンが飛び込
んできました。神々はこれに驚いて、ちりぢりに逃げ出し
ました。愛と美の女神・アプロディテとその子供のエロー
スは、魚に変身し、河に飛び込みました。このとき、二人
ははぐれてしまわないように、銀のひもでお互いのしっぽ
を結びつけておいたのでした。この姿が天に上げられ、魚
座になったのです。

　決してはぐれてしまわないように、お互いを結びつけて
おいて、水の中に飛び込んでいく。このことは、魚座の人
の心のありようを、よく表している気がします。魚座の愛

は大切な人を守ります。でもその「守り方」は、たとえば蟹座のようにかたい甲羅の中に保護するのではなく、「自由に動けるけれども、決して離ればなれにならない」という守り方なのです。どちらも自分が望むほうに行けますが、お互いの向かう方向が完全に違ってしまったなら、すぐにそれとわかります。魚座の愛は、決して相手を「縛る」ものではありません。一方で、魚座は「犠牲と救済」の星座です。愛の世界における、真の「自由」とは何なのかを、この神話は深く考えさせてくれます。

魚座の才能

どんなことでも独自のやり方で習熟する傾向があります。特に、言葉で説明しにくい分野、高度に抽象的なことを扱う分野などでも、難なく理解を進め、身につけていける人が多いようです。人の心を捉える特別な力を備えているので、自力で非常にディープで広い人脈を創り上げることができます。型にはまった考え方をせず、世の中の「枠」に囚われないので、キャリアも独自のものになりやすい傾向があります。他の人とは違ったルートで成功を収められます。人との距離を縮めるのがとても上手です。

牡羊座　はじまりの星座　　　　　　　　　　　I am.

素敵なところ

裏表がなく純粋で、自他を比較しません。明るく前向きで、正義感が強く、諍(いさか)いのあともさっぱりしています。欲しいものを欲しいと言える勇気、自己主張する勇気、誤りを認める勇気の持ち主です。

キーワード

勢い／勝負／果断／負けず嫌い／せっかち／能動的／スポーツ／ヒーロー・ヒロイン／華やかさ／アウトドア／草原／野生／丘陵／動物愛／議論好き／肯定的／帽子・頭部を飾るもの／スピード／赤

 牡牛座　五感の星座　　　　　　　　　　　　　I have.

素敵なところ

感情が安定していて、態度に一貫性があります。知識や経験をたゆまずゆっくり、たくさん身につけます。穏やかでも不思議な存在感があり、周囲の人を安心させます。美意識が際立っています。

キーワード

感覚／色彩／快さ／リズム／マイペース／芸術／暢気(のんき)／贅沢／コレクション／一貫性／素直さと頑固さ／価値あるもの／美声・歌／料理／庭造り／変化を嫌う／積み重ね／エレガント／レモン色／白

 双子座　知と言葉の星座　　　　　　　　　　　I think.

素敵なところ

イマジネーション能力が高く、言葉と物語を愛するユニークな人々です。フットワークが良く、センサーが敏感で、いくつになっても若々しく見えます。場の空気・状況を変える力を持っています。

キーワード

言葉／コミュニケーション／取引・ビジネス／相対性／比較／関連づけ／物語／比喩／移動／旅／ジャーナリズム／靴／天使・翼／小鳥／桜色／桃色／空色／文庫本／文房具／手紙

蟹座 感情の星座　　　　　　　　I feel.

素敵なところ

心優しく、共感力が強く、人の世話をするときに手間を惜しみません。行動力に富み、人にあまり相談せずに大胆なアクションを起こすことがありますが、「聞けばちゃんと応えてくれる」人々です。

キーワード

感情／変化／月／守護・保護／日常生活／行動力／共感／安心／繰り返すこと／拒否／生活力／フルーツ／アーモンド／巣穴／胸部、乳房／乳白色／銀色／真珠

 獅子座 意思の星座　　　　　　　　I will.

素敵なところ

太陽のように肯定的で、安定感があります。深い自信を持っており、側にいる人を安心させることができます。人を頷かせる力、一目置かせる力、パワー感を持っています。内面には非常に繊細な部分も。

キーワード

強さ／クールさ／肯定的／安定感／ゴールド／背中／自己表現／演技／芸術／暖炉／広場／人の集まる賑やかな場所／劇場・舞台／お城／愛／子供／緋色／パープル／緑

 **乙女座** 分析の星座　　　　　　　I analyze.

素敵なところ

一見クールに見えるのですが、とても優しく世話好きな人々です。他者に対する観察眼が鋭く、シャープな批評を口にしますが、その相手の変化や成長を心から喜べる、「教育者」の顔を持っています。

キーワード

感受性の鋭さ／「気が利く」人／世話好き／働き者／デザイン／コンサバティブ／胃腸／神経質／分析／調合／変化／回復の早さ／迷いやすさ／研究家／清潔／ブルーブラック／空色／桃色

天秤座　関わりの星座

I balance.

素敵なところ

高い知性に恵まれると同時に、人に対する深い愛を抱いています。視野が広く、客観性を重視し、細やかな気遣いができます。内側には熱い情熱を秘めていて、個性的なこだわりや競争心が強い面も。

キーワード

人間関係／客観視／合理性／比較対象／美／吟味／審美眼／評価／選択／平和／交渉／結婚／諍い／調停／パートナーシップ／契約／洗練／豪奢／黒／芥子色（からし）／深紅色／水色／薄い緑色／ベージュ

蠍座　情熱の星座

I desire.

素敵なところ

意志が強く、感情に一貫性があり、愛情深い人々です。一度愛したものはずっと長く愛し続けることができます。信頼に足る、芯の強さを持つ人です。粘り強く努力し、不可能を可能に変えます。

キーワード

融け合う心／継承／遺伝／魅力／支配／提供／共有／非常に古い記憶／放出／流動／隠されたもの／湖沼／果樹園／庭／葡萄酒／琥珀／茶色／濃い赤／カギつきの箱／ギフト

射手座　冒険の星座

I understand.

素敵なところ

冒険心に富む、オープンマインドの人々です。自他に対してごく肯定的で、恐れを知らぬ勇気と明るさで周囲を照らし出します。自分の信じるものに向かってまっすぐに生きる強さを持っています。

キーワード

冒険／挑戦／賭け／負けず嫌い／馬や牛など大きな動物／遠い外国／語学／宗教／理想／哲学／おおらかさ／自由／普遍性／スピードの出る乗り物／船／黄色／緑色／ターコイズブルー／グレー

山羊座 **実現の星座**   I use.

素敵なところ

夢を現実に変えることのできる人々です。自分個人の世界だけに収まる小さな夢ではなく、世の中を変えるような、大きな夢を叶えることができる力を持っています。優しく力強く、芸術的な人です。

キーワード

城を築く／行動力／実現／責任感／守備／権力／支配者／組織／芸術／伝統／骨董品／彫刻／寺院／華やかな色彩／ゴージャス／大きな楽器／黒／焦げ茶色／薄い茜色／深緑

 **水瓶座** **思考と自由の星座**   I know.

素敵なところ

自分の頭でゼロから考えようとする、澄んだ思考の持ち主です。友情に篤く、損得抜きで人と関わろうとする、静かな情熱を秘めています。ユニークなアイデアを実行に移すときは無二の輝きを放ちます。

キーワード

自由／友情／公平・平等／時代の流れ／流行／メカニズム／合理性／ユニセックス／神秘的／宇宙／飛行機／通信技術／電気／メタリック／スカイブルー／チェック、ストライプ

 魚座 **透明な心の星座**   I believe.

素敵なところ

人と人とを分ける境界線を、自由自在に越えていく不思議な力の持ち主です。人の心にするりと入り込み、相手を支え慰めることができます。場や世界を包み込むような大きな心を持っています。

キーワード

変容／変身／愛／海／救済／犠牲／崇高／聖なるもの／無制限／変幻自在／天衣無縫／幻想／瞑想／蠱惑／エキゾチック／ミステリアス／シースルー／黎明／白／ターコイズブルー／マリンブルー

用語解説

　星占いで用いる星々のうち、太陽と月以外の惑星と冥王星は、しばしば「逆行」します。これは、星が実際に軌道を逆走するのではなく、あくまで「地球からそう見える」ということです。

　たとえば同じ方向に向かう特急電車が普通電車を追い抜くとき、相手が後退しているように見えます。「星の逆行」は、この現象に似ています。地球も他の惑星と同様、太陽のまわりをぐるぐる回っています。ゆえに一方がもう一方を追い抜くとき、あるいは太陽の向こう側に回ったときに、相手が「逆走している」ように見えるのです。

　星占いの世界では、星が逆行するとき、その星の担うテーマにおいて停滞や混乱、イレギュラーなことが起こる、と解釈されることが一般的です。ただし、この「イレギュラー」は「不運・望ましくない展開」なのかというと、そうではありません。

　私たちは自分なりの推測や想像に基づいて未来の計画を立て、無意識に期待し、「次に起こること」を待ち受けます。その「待ち受けている」場所に思い通りのボールが飛んでこなかったとき、苛立ちや焦り、不安などを感じます。でも、そのこと自体が「悪いこと」かというと、決してそうではないはずです。なぜなら、人間の推測や想像には、限界があるか

116

らです。推測通りにならないことと、「不運」はまったく別の
ことです。

　星の逆行時は、私たちの推測や計画と、実際に巡ってくる
未来とが「噛み合いにくい」ときと言えます。ゆえに、現実
に起こる出来事全体が、言わば「ガイド役・導き手」となり
ます。目の前に起こる出来事に導いてもらうような形で先に
進み、いつしか、自分の想像力では辿り着けなかった場所に
「つれていってもらえる」わけです。

　水星の逆行は年に三度ほど、一回につき3週間程度で起こ
ります。金星は約1年半ごと、火星は2年に一度ほど、他の
星は毎年太陽の反対側に回る数ヵ月、それぞれ逆行します。

　たとえば水星逆行時は、以下のようなことが言われます。

◆失せ物が出てくる／この時期なくしたものはあとで出てくる

◆ 旧友と再会できる

◆ 交通、コミュニケーションが混乱する

◆ 予定の変更、物事の停滞、遅延、やり直しが発生する

　これらは「悪いこと」ではなく、無意識に通り過ぎてしま
った場所に忘れ物を取りに行くような、あるいは、トンネル
を通って山の向こうへ出るような動きです。掛け違えたボタ
ンを外してはめ直すようなことができる時間なのです。

ボイドタイム―月のボイド・オブ・コース

　ボイドタイムとは、正式には「月のボイド・オブ・コース」となります。実は、月以外の星にもボイドはあるのですが、月のボイドタイムは3日に一度という頻度で巡ってくるので、最も親しみやすい（？）時間と言えます。ボイドタイムの定義は「その星が今いる星座を出るまで、他の星とアスペクト（特別な角度）を結ばない時間帯」です。詳しくは占星術の教科書などをあたってみて下さい。

　月のボイドタイムには、一般に、以下のようなことが言われています。

◆ 予定していたことが起こらない／想定外のことが起こる

◆ ボイドタイムに着手したことは無効になる

◆ 期待通りの結果にならない

◆ ここでの心配事はあまり意味がない

◆ 取り越し苦労をしやすい

◆ 衝動買いをしやすい

◆ この時間に占いをしても、無効になる。意味がない

　ボイドをとても嫌う人も少なくないのですが、これらをよく見ると、「悪いことが起こる」時間ではなく、「あまりいろいろ気にしなくてもいい時間」と思えないでしょうか。

とはいえ、たとえば大事な手術や面接、会議などがこの時間帯に重なっていると「予定を変更したほうがいいかな？」という気持ちになる人もいると思います。

　この件では、占い手によっても様々に意見が分かれます。その人の人生観や世界観によって、解釈が変わり得る要素だと思います。

　以下は私の意見なのですが、大事な予定があって、そこにボイドや逆行が重なっていても、私自身はまったく気にしません。

　では、ボイドタイムは何の役に立つのでしょうか。一番役に立つのは「ボイドの終わる時間」です。ボイド終了時間は、星が星座から星座へ、ハウスからハウスへ移動する瞬間です。つまり、ここから新しい時間が始まるのです。

　たとえば、何かうまくいかないことがあったなら、「366日のカレンダー」を見て、ボイドタイムを確認します。もしボイドだったら、ボイド終了後に、物事が好転するかもしれません。待っているものが来るかもしれません。辛い待ち時間や気持ちの落ち込んだ時間は、決して「永遠」ではないのです。

月齢について

　本書では月の位置している星座から、自分にとっての「ハウス」を読み取り、毎日の「月のテーマ」を紹介しています。ですが月にはもう一つの「時計」としての機能があります。それは、「満ち欠け」です。

　月は1ヵ月弱のサイクルで満ち欠けを繰り返します。夕方に月がふと目に入るのは、新月から満月へと月が膨らんでいく時間です。満月から新月へと月が欠けていく時間は、月が夜遅くから明け方でないと姿を現さなくなります。

　夕方に月が見える・膨らんでいく時間は「明るい月の時間」で、物事も発展的に成長・拡大していくと考えられています。一方、月がなかなか出てこない・欠けていく時間は「暗い月の時間」で、物事が縮小・凝縮していく時間となります。

　これらのことはもちろん、科学的な裏付けがあるわけではなく、あくまで「古くからの言い伝え」に近いものです。

　新月と満月のサイクルは「時間の死と再生のサイクル」です。このサイクルは、植物が繁茂しては枯れ、種によって子孫を残す、というイメージに重なります。「死」は本当の「死」ではなく、種や球根が一見眠っているように見える、その状態を意味します。

　そんな月の時間のイメージを、図にしてみました。

【新月】
種蒔き

芽が出る、新しいことを始める、目標を決める、新品を下ろす、髪を切る、悪癖をやめる、コスメなど、古いものを新しいものに替える

【上弦】
成長

勢い良く成長していく、物事を付け加える、増やす、広げる、決定していく、少し一本調子になりがち

【満月】
開花、
結実

達成、到達、充実、種の拡散、実を収穫する、人間関係の拡大、ロングスパンでの計画、このタイミングにゴールや〆切を設定しておく

【下弦】
貯蔵、
配分

加工、貯蔵、未来を見越した作業、不要品の処分、故障したものの修理、古物の再利用を考える、蒔くべき種の選別、ダイエット開始、新月の直前、材木を切り出す

【新月】
次の
種蒔き

新しい始まり、仕切り直し、軌道修正、過去とは違った選択、変更

以下、月のフェーズを六つに分けて説明してみます。

● 新月　New moon

「スタート」です。時間がリセットされ、新しい時間が始まる！というイメージのタイミングです。この日を境に悩みや迷いから抜け出せる人も多いようです。とはいえ新月の当日は、気持ちが少し不安定になる、という人もいるようです。細い針のような月が姿を現す頃には、フレッシュで爽やかな気持ちになれるはずです。日食は「特別な新月」で、1年に二度ほど起こります。ロングスパンでの「始まり」のときです。

● 三日月〜 ◗ 上弦の月　Waxing crescent - First quarter moon

ほっそりした月が半月に向かうに従って、春の草花が生き生きと繁茂するように、物事が勢い良く成長・拡大していきます。大きく育てたいものをどんどん仕込んでいけるときです。

◖ 十三夜月〜小望月 (こもちづき)　Waxing gibbous moon

少量の水より、大量の水を運ぶときのほうが慎重さを必要とします。それにも似て、この時期は物事が「完成形」に近づき、細かい目配りや粘り強さ、慎重さが必要になるようです。一歩一歩確かめながら、満月というゴールに向かいます。

◯ 満月　Full moon

新月からおよそ2週間、物事がピークに達するタイミングです。文字通り「満ちる」ときで、「満を持して」実行に移せることもあるでしょう。大事なイベントが満月の日に計画されている、ということもよくあります。意識してそうしたのでなくとも、関係者の予定を繰り合わせたところ、自然と満月前後に物事のゴールが置かれることがあるのです。

月食は「特別な満月」で、半年から1年といったロングスパンでの「到達点」です。長期的なプロセスにおける「折り返し地点」のような出来事が起こりやすいときです。

◑ 十六夜の月〜寝待月　Waning gibbous moon

樹木の苗や球根を植えたい時期です。時間をかけて育てていくようなテーマが、ここでスタートさせやすいのです。また、細くなっていく月に擬えて、ダイエットを始めるのにも良い、とも言われます。植物が種をできるだけ広くまき散らそうとするように、人間関係が広がるのもこの時期です。

◐ 下弦の月〜 ● 二十六夜月　Last quarter - Waning crescent moon

秋から冬に球根が力を蓄えるように、ここでは「成熟」がテーマとなります。物事を手の中にしっかり掌握し、力をためつつ「次」を見据えてゆっくり動くときです。いたずらに物珍しいことに踊らされない、どっしりした姿勢が似合います。

◆ 太陽星座早見表 魚座

（1930～2025年／日本時間）

太陽が魚座に滞在する時間帯を下記の表にまとめました。
これより前は水瓶座、これより後は牡羊座ということになります。

生まれた年	期間			生まれた年	期間		
1930	2/19	18:00 ～	3/21 17:29	1954	2/19	13:32 ～	3/21 12:52
1931	2/19	23:40 ～	3/21 23:05	1955	2/19	19:19 ～	3/21 18:34
1932	2/20	5:28 ～	3/21 4:53	1956	2/20	1:05 ～	3/21 0:19
1933	2/19	11:16 ～	3/21 10:42	1957	2/19	6:58 ～	3/21 6:15
1934	2/19	17:02 ～	3/21 16:27	1958	2/19	12:48 ～	3/21 12:05
1935	2/19	22:52 ～	3/21 22:17	1959	2/19	18:38 ～	3/21 17:54
1936	2/20	4:33 ～	3/21 3:57	1960	2/20	0:26 ～	3/20 23:42
1937	2/19	10:21 ～	3/21 9:44	1961	2/19	6:16 ～	3/21 5:31
1938	2/19	16:20 ～	3/21 15:42	1962	2/19	12:15 ～	3/21 11:29
1939	2/19	22:09 ～	3/21 21:27	1963	2/19	18:09 ～	3/21 17:19
1940	2/20	4:04 ～	3/21 3:23	1964	2/19	23:57 ～	3/20 23:09
1941	2/19	9:56 ～	3/21 9:19	1965	2/19	5:48 ～	3/21 5:04
1942	2/19	15:47 ～	3/21 15:10	1966	2/19	11:38 ～	3/21 10:52
1943	2/19	21:40 ～	3/21 21:02	1967	2/19	17:24 ～	3/21 16:36
1944	2/20	3:27 ～	3/21 2:48	1968	2/19	23:09 ～	3/20 22:21
1945	2/19	9:15 ～	3/21 8:36	1969	2/19	4:55 ～	3/21 4:07
1946	2/19	15:09 ～	3/21 14:32	1970	2/19	10:42 ～	3/21 9:55
1947	2/19	20:52 ～	3/21 20:12	1971	2/19	16:27 ～	3/21 15:37
1948	2/20	2:37 ～	3/21 1:56	1972	2/19	22:11 ～	3/20 21:20
1949	2/19	8:27 ～	3/21 7:47	1973	2/19	4:01 ～	3/21 3:11
1950	2/19	14:18 ～	3/21 13:34	1974	2/19	9:59 ～	3/21 9:06
1951	2/19	20:10 ～	3/21 19:25	1975	2/19	15:50 ～	3/21 14:56
1952	2/20	1:57 ～	3/21 1:13	1976	2/19	21:40 ～	3/20 20:49
1953	2/19	7:41 ～	3/21 7:00	1977	2/19	3:30 ～	3/21 2:41

生まれた年	期間				生まれた年	期間			
1978	2/19	9:21	～	3/21 8:33	2002	2/19	5:14	～	3/21 4:16
1979	2/19	15:13	～	3/21 14:21	2003	2/19	11:01	～	3/21 10:00
1980	2/19	21:02	～	3/20 20:09	2004	2/19	16:51	～	3/20 15:49
1981	2/19	2:52	～	3/21 2:02	2005	2/18	22:33	～	3/20 21:33
1982	2/19	8:47	～	3/21 7:55	2006	2/19	4:27	～	3/21 3:26
1983	2/19	14:31	～	3/21 13:38	2007	2/19	10:10	～	3/21 9:08
1984	2/19	20:16	～	3/20 19:23	2008	2/19	15:51	～	3/20 14:48
1985	2/19	2:07	～	3/21 1:13	2009	2/18	21:47	～	3/20 20:44
1986	2/19	7:58	～	3/21 7:02	2010	2/19	3:37	～	3/21 2:32
1987	2/19	13:50	～	3/21 12:51	2011	2/19	9:26	～	3/21 8:21
1988	2/19	19:35	～	3/20 18:38	2012	2/19	15:19	～	3/20 14:15
1989	2/19	1:21	～	3/21 0:27	2013	2/18	21:03	～	3/20 20:02
1990	2/19	7:14	～	3/21 6:18	2014	2/19	3:01	～	3/21 1:57
1991	2/19	12:58	～	3/21 12:01	2015	2/19	8:51	～	3/21 7:45
1992	2/19	18:43	～	3/20 17:47	2016	2/19	14:35	～	3/20 13:30
1993	2/19	0:35	～	3/20 23:40	2017	2/18	20:32	～	3/20 19:29
1994	2/19	6:22	～	3/21 5:27	2018	2/19	2:19	～	3/21 1:16
1995	2/19	12:11	～	3/21 11:13	2019	2/19	8:05	～	3/21 6:59
1996	2/19	18:01	～	3/20 17:02	2020	2/19	13:58	～	3/20 12:50
1997	2/18	23:51	～	3/20 22:54	2021	2/18	19:45	～	3/20 18:38
1998	2/19	5:55	～	3/21 4:53	2022	2/19	1:43	～	3/21 0:33
1999	2/19	11:47	～	3/21 10:45	2023	2/19	7:35	～	3/21 6:24
2000	2/19	17:33	～	3/20 16:34	2024	2/19	13:13	～	3/20 12:06
2001	2/18	23:28	～	3/20 22:31	2025	2/18	19:07	～	3/20 18:01

おわりに

　年次版の文庫サイズ『星栞』は、本書でシリーズ5作目となりました。昨年の「スイーツ」をモチーフにした12冊はそのかわいらしさから多くの方に手に取って頂き、とても嬉しかったです。ありがとうございます！

　そして2024年版の表紙イラストは、一見して「何のテーマ？？？」となった方も少なくないかと思うのですが、実は「ペアになっているもの」で揃えてみました（！）。2024年の星の動きの「軸」の一つが、木星の牡牛座から双子座への移動です。双子座と言えば「ペア」なので、双子のようなものやペアでしか使わないようなものを、表紙のモチーフとして頂いたのです。柿崎サラさんに、とてもかわいくスタイリッシュな雰囲気に描いて頂けて、みなさんに手に取って頂くのがとても楽しみです。

　星占いの12星座には「ダブルボディーズ・サイン」と呼ばれる星座があります。すなわち、双子座、乙女座、射手座、魚座です。双子座は双子、魚座は「双魚宮」で2体です。メソポタミア時代の古い星座絵には、乙女座付近に複数の乙女が描かれています。そして、射手座は上半身が人

間、下半身が馬という、別の意味での「ダブルボディ」となっています。「ダブルボディーズ・サイン」は、季節の変わり目を担当する星座です。「三寒四温」のように行きつ戻りつしながら物事が変化していく、その複雑な時間を象徴しているのです。私たちも、様々な「ダブルボディ」を生きているところがあるように思います。職場と家では別の顔を持っていたり、本音と建前が違ったり、過去の自分と今の自分は全く違う価値観を生きていたりします。こうした「違い」を「八方美人」「ブレている」などと否定する向きもありますが、むしろ、色々な自分を生きることこそが、自由な人生、と言えないでしょうか。2024年は「自分」のバリエーションを増やしていくような、それによって心が解放されていくような時間となるのかもしれません。

星栞 2024年の星占い
魚座

2023年9月30日　第1刷発行

著者　　石井ゆかり

発行人　石原正康
発行元　株式会社 幻冬舎コミックス
　　　　〒151-0051　東京都渋谷区千駄ヶ谷4-9-7
　　　　電話 03-5411-6431 (編集)
発売元　株式会社 幻冬舎
　　　　〒151-0051　東京都渋谷区千駄ヶ谷4-9-7
　　　　電話 03-5411-6222 (営業)
　　　　振替 00120-8-767643

印刷・製本所：株式会社 光邦
デザイン：竹田麻衣子 (Lim)
DTP：株式会社 森の印刷屋、安居大輔 (Dデザイン)
STAFF：齋藤至代 (幻冬舎コミックス)、
　　　　佐藤映湖・滝澤 航 (オーキャン)、三森定史
装画：柿崎サラ